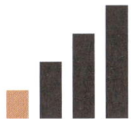

SO SAD

Anton Gudim

人生很好玩，但有时也很丧

[俄] 安东·谷迪姆 著　　杨静怡 译

SO HAPPY

湖南文艺出版社
HUNAN LITERATURE AND ART PUBLISHING HOUSE

自序

那时，我在上夜班。我坐在桌前，被四个巨大的显示屏围绕着，正用铅笔在纸上涂鸦，以抵御困倦……就在这样的环境下，诞生了一个穿连帽衫的无聊角色——这便是我创作的起点。

自那时起，五年多过去了。我已经不用上夜班。现在是周五，我下班稍微晚了些，因为我要完成这篇序言。而我为之写序的这本书，即将在几千公里以外的土地上出版！我无法想象我的小涂鸦也会有这天。

哦，我发现我忘了自我介绍。我叫安东·谷迪姆，出生于俄罗斯莫斯科，并且一直生活在这里。这是个巨大，有时也相当激进的城市。我已习惯了这座城市的节奏，试着安静地绕开城市里的居民，不被他们有压力的情绪所感染。我是个通讯行业的工程师，在普通的办公室里工作。画画是我的爱好，随着年龄的增长，我对待这件事也更为严肃了。

这五年中有什么变化吗？我换了个工作地点：我还是个工程师，只是去了另一家公司。在我的绘画中，我远离了玩得烂熟的双关语，放弃了漫画格式中必须要有的文字解说和文本。这是个深思熟虑的决定，因为我认为一切绘画都应该用符号和图像来说话。在这五年里，我磨炼了自己的技能，现在我可以画得更好更快了。而更重要的是，我找到了自己的个人风格：既简单又富含深意，而在此之上，是我自己。

我的绘画是对日常和世俗的挑战，但更多的时候是对自己的挑战。构思想法并将其画出来已成为我生活中不可或缺的一部分，但有时这并不太容易。有时候，为了给新漫画构思一个合适的情节让我心力交瘁；有时候，灵感和想法毫不费力地涌入脑海，给了我不可或缺的推动力。

我想你可能正期待着一个漫长的演讲，但唉……口才从来都不是我的强项。

或许，这就是为什么我作品中的故事都不用言语讲述。又或许，对现在的我来说，使用图像语言比使用词语更加自然。无论如何，亲爱的读者，我要感谢你们花时间，读完了这本书大半的序言。我真诚地希望你能对我做的事情产生一些共鸣，或发现这对你有点儿用。也许，我的作品能激发你创造属于自己的东西，或者让你从不同角度看待日常的事物。

我猜目前为止就这样了。希望你一会儿翻阅的时候玩得开心。

我希望大家不介意我在本序言末尾加上"胡萝卜"这个词。为什么？好吧，它通常没什么机会被写在序言中。我相信，所有的词语以及这些词语所命名的事物，都应该在某些时候得到它们的聚光灯。

保重，吃点胡萝卜，且永远保持好奇。网上见！

我不抽烟

我们不向对方撒谎

我是纯天然的

我不吃快餐

我不为小事烦恼

成 就

这无需任何努力

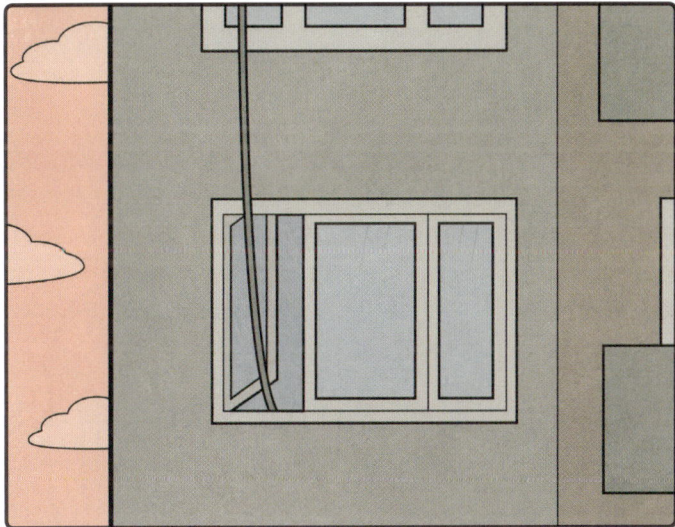
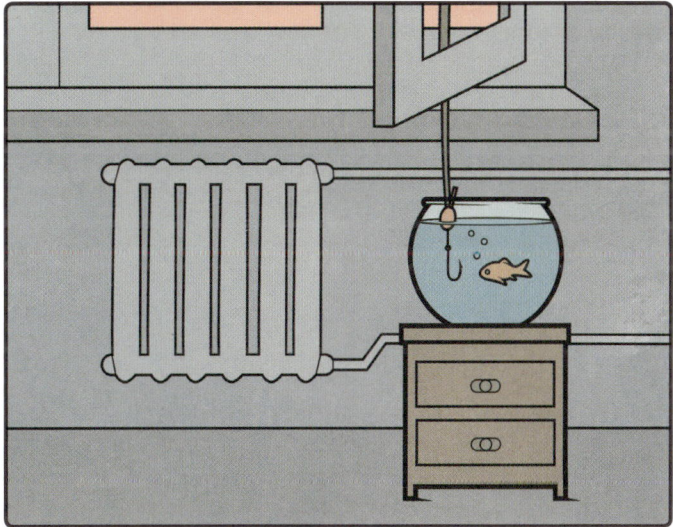

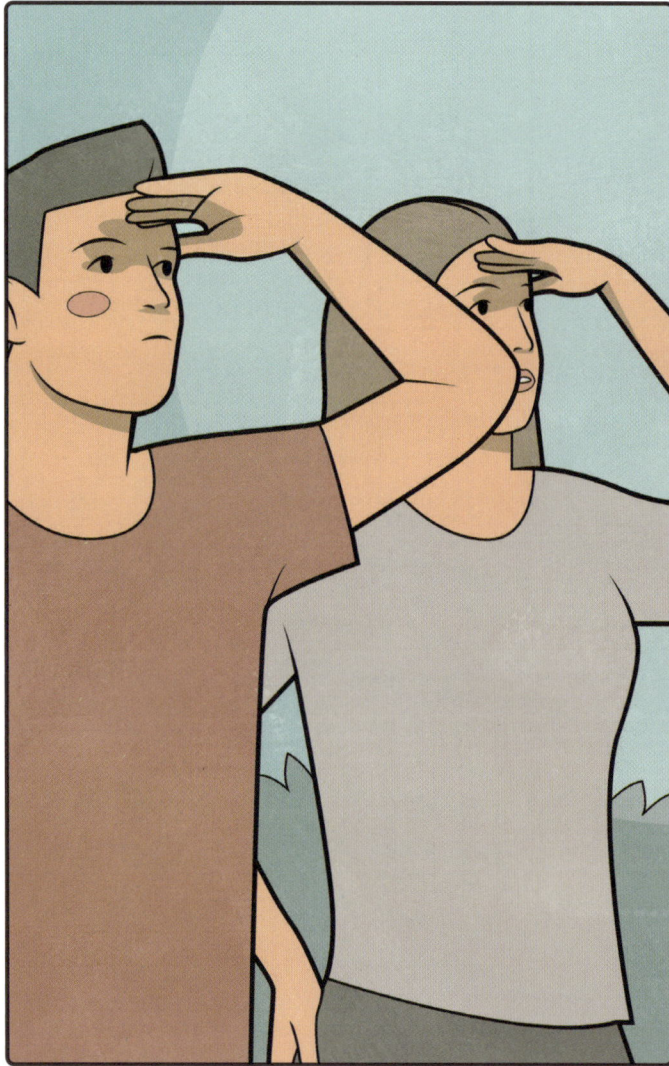

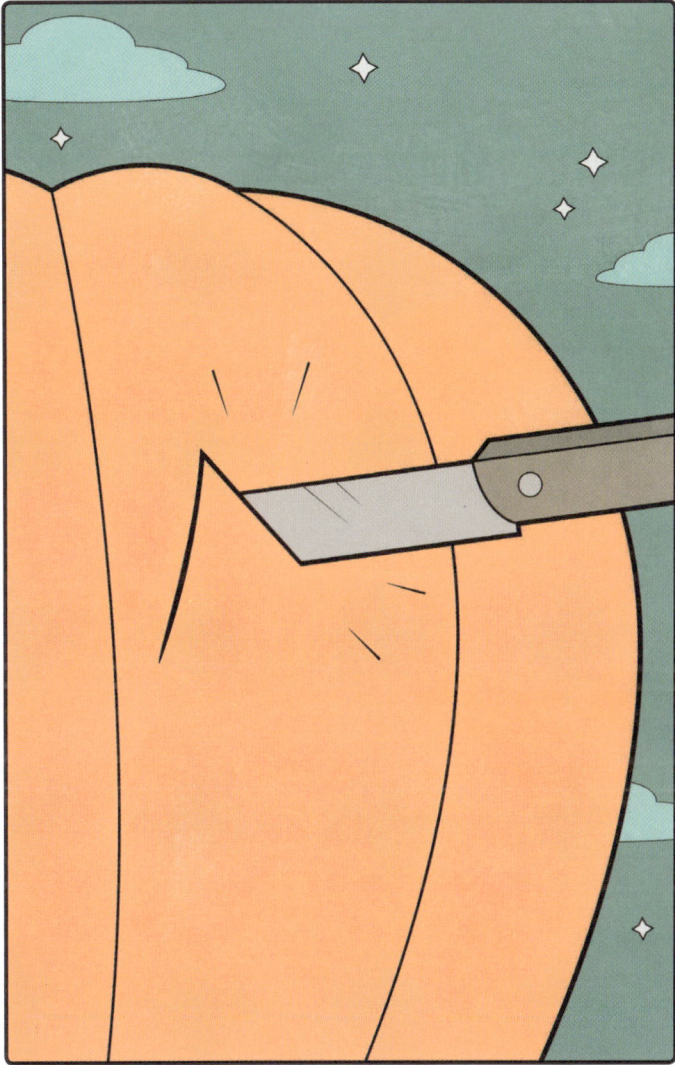

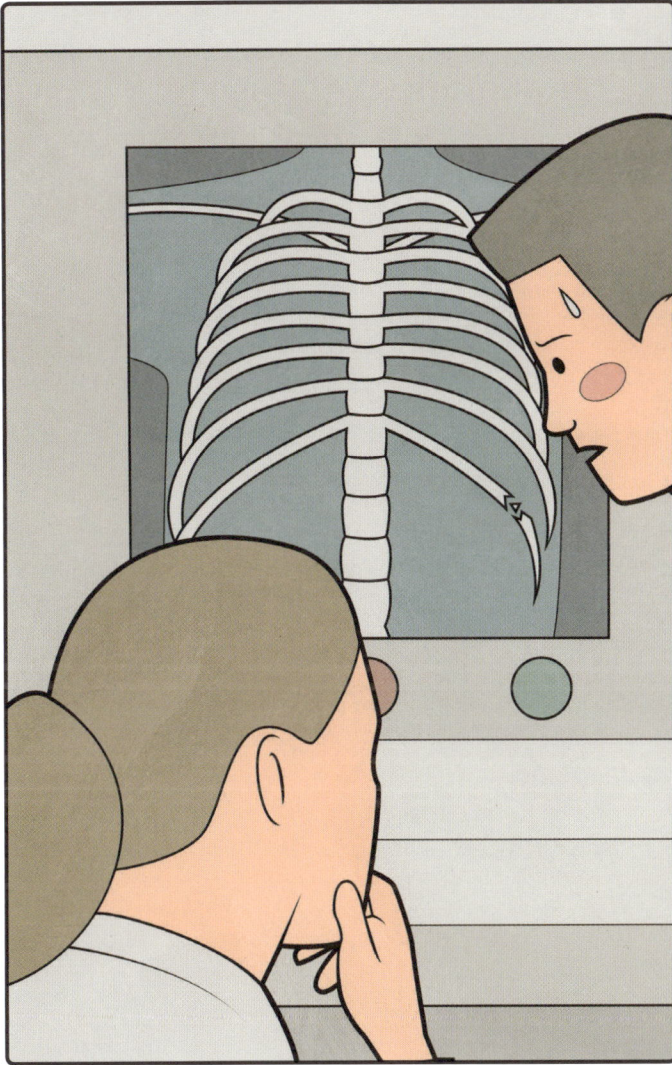

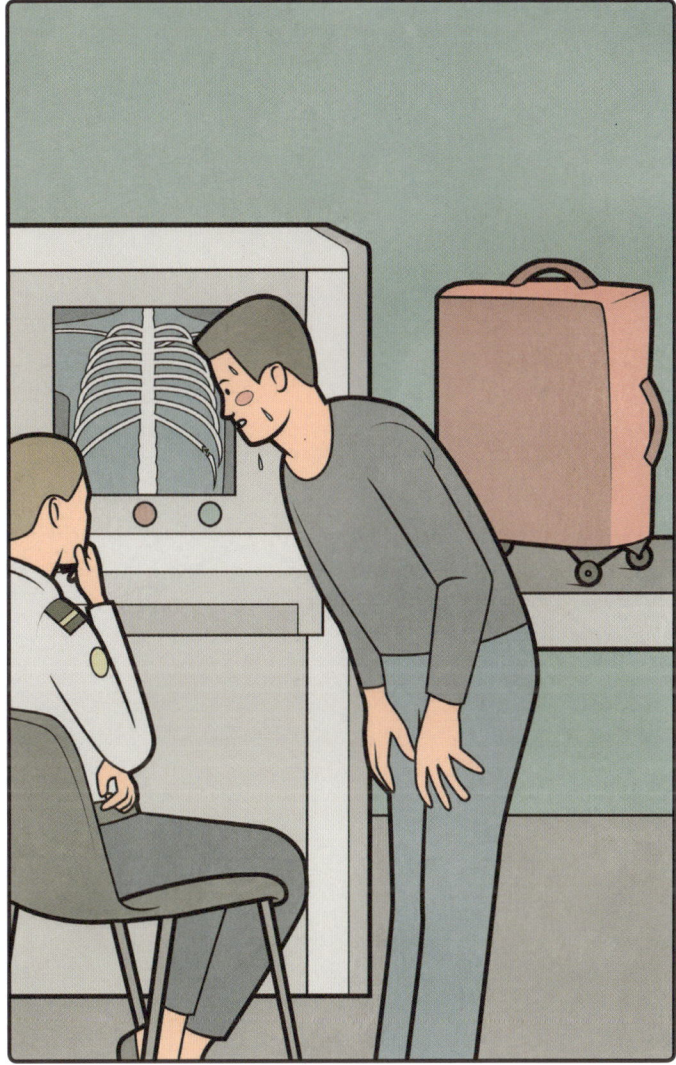

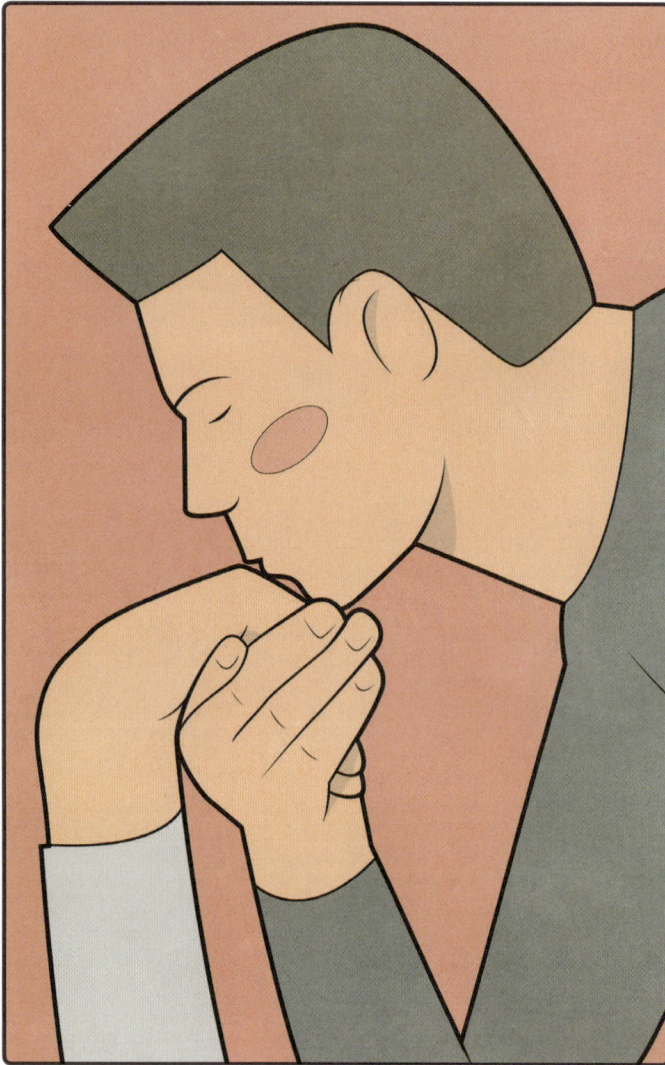

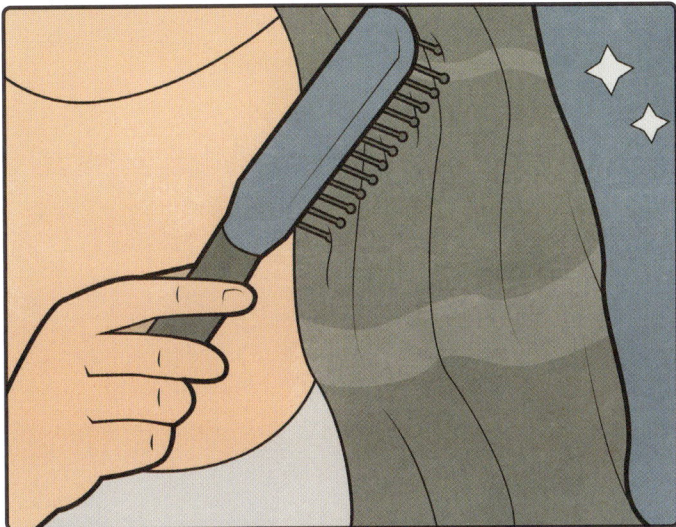
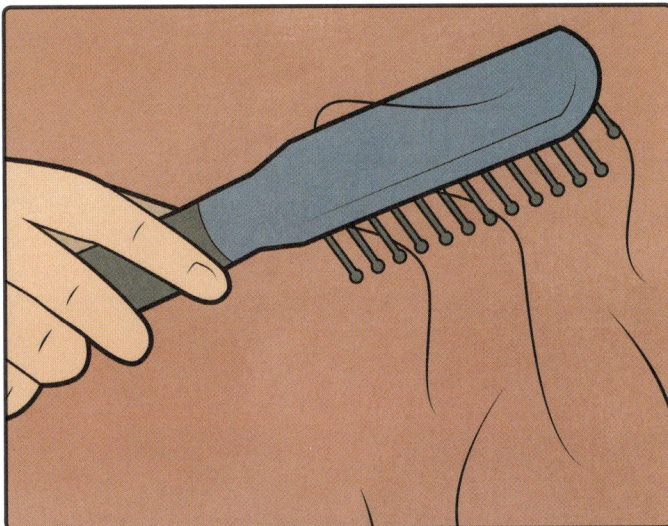
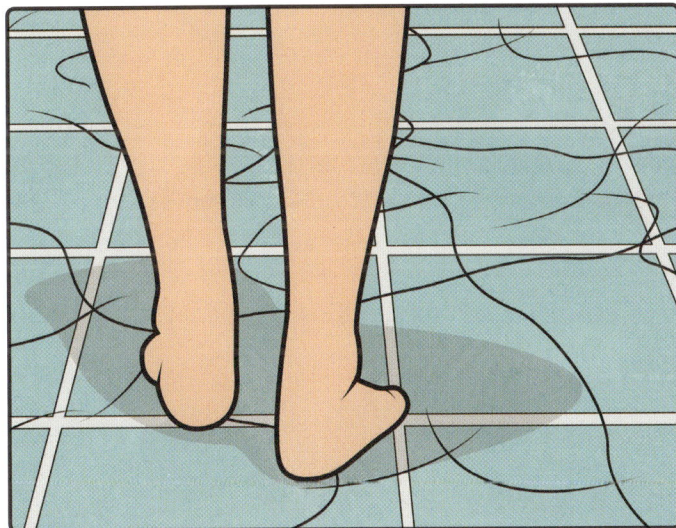
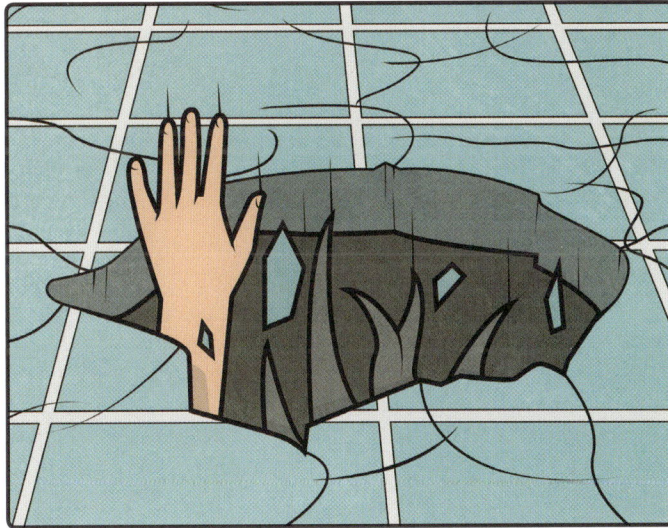

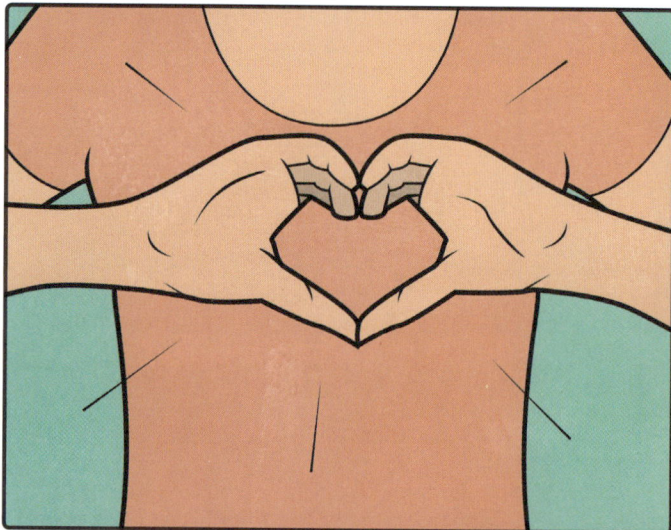

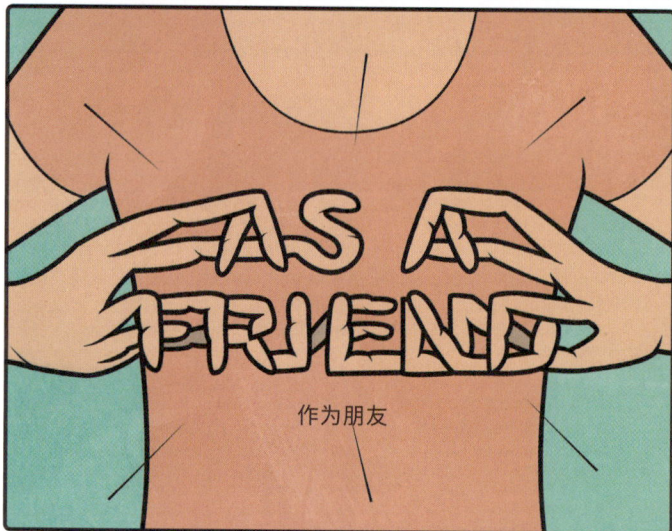

作为朋友

BABY
IN
CAR

车上有婴儿

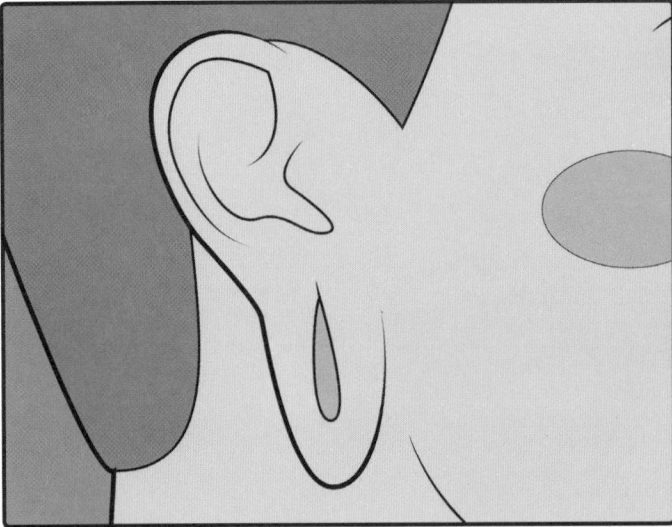
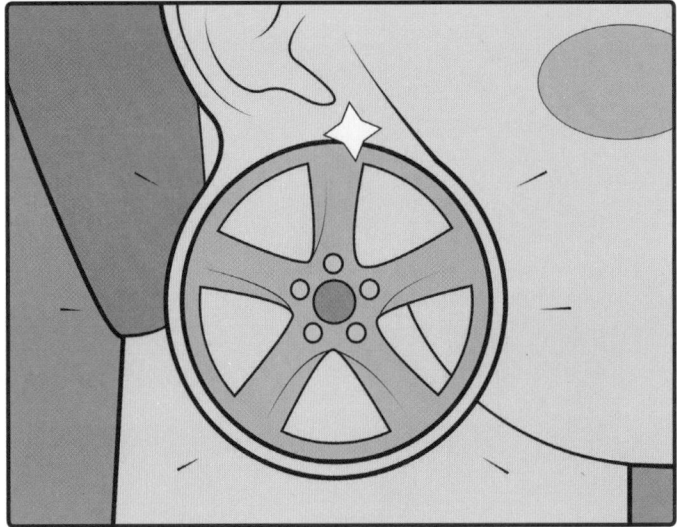
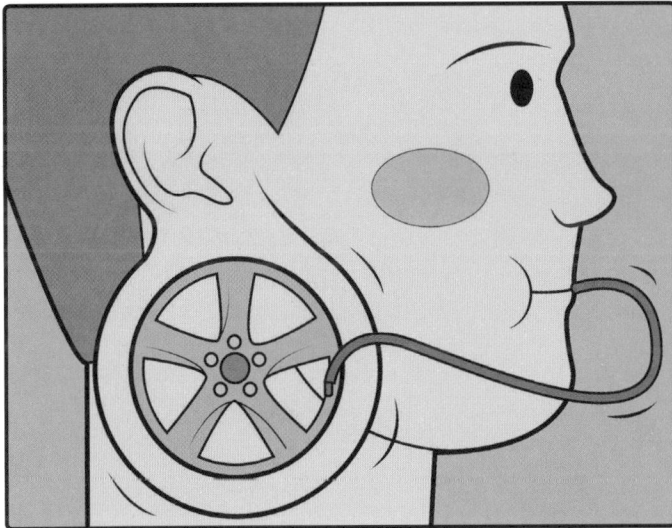

28

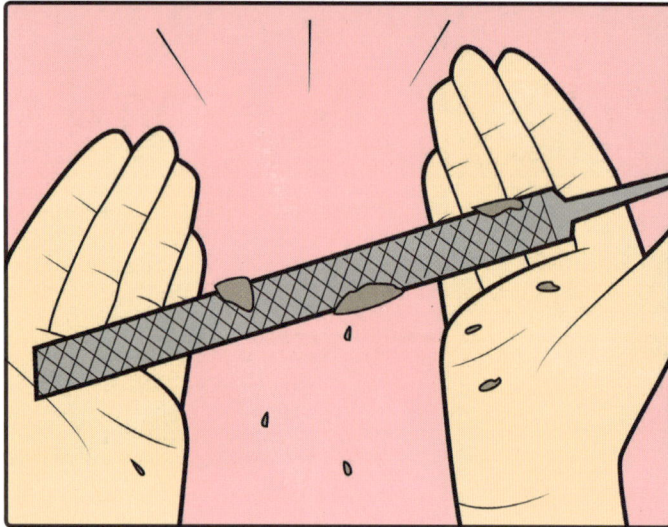

注意！
您已进入卡车的盲区

注意！
生活目标已进入您的盲区

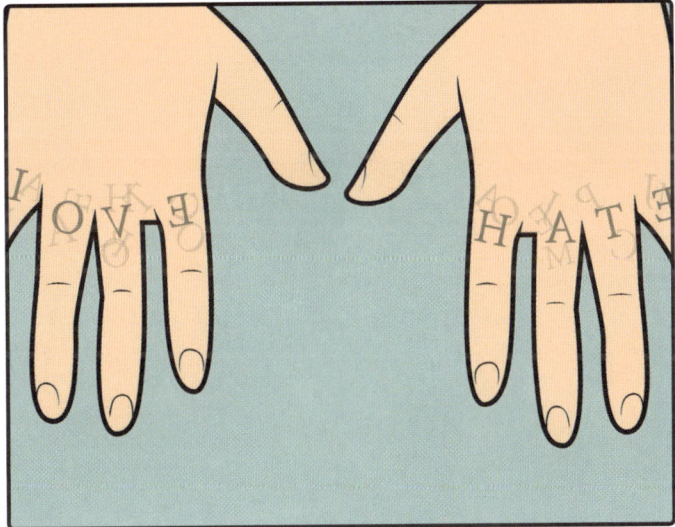

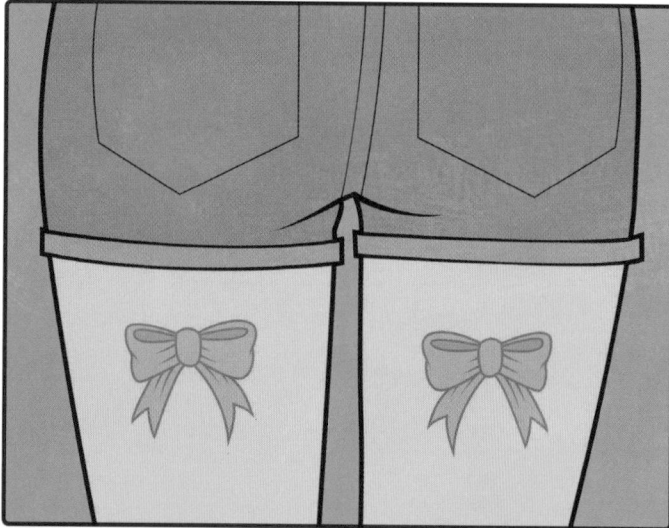
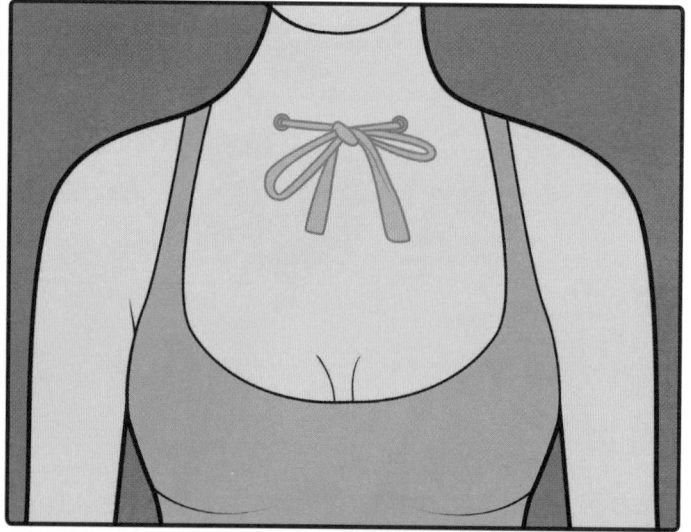
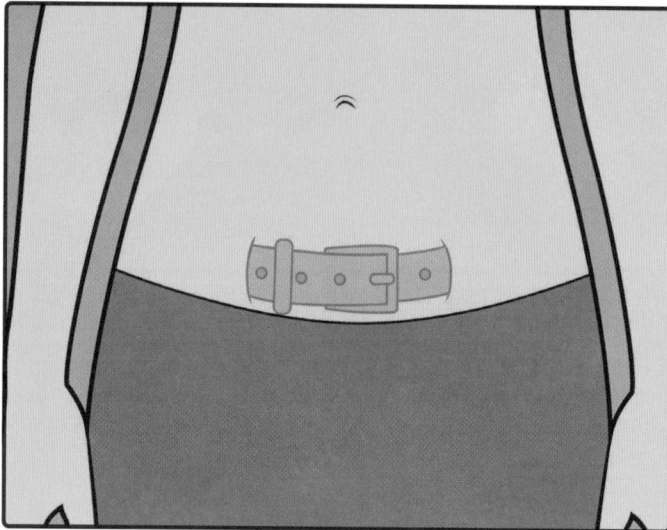
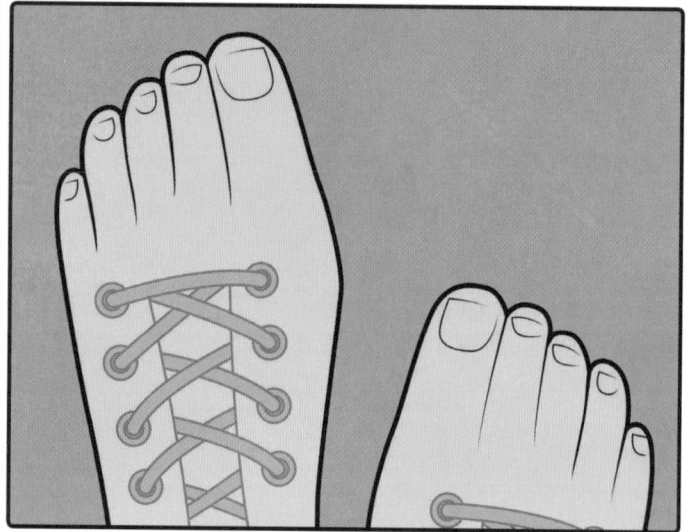

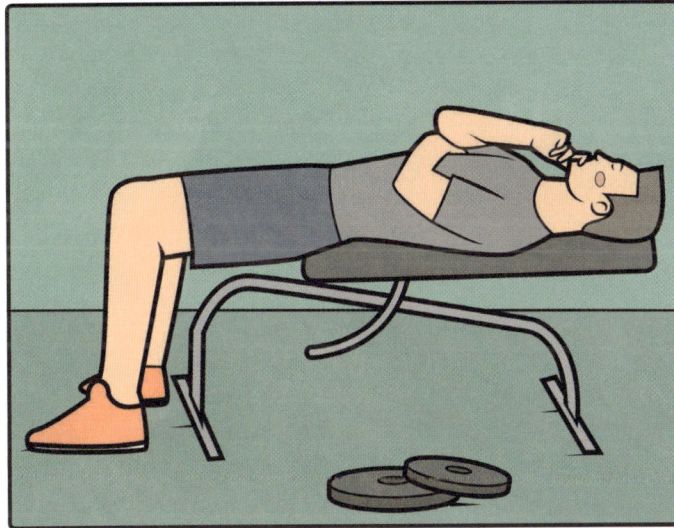

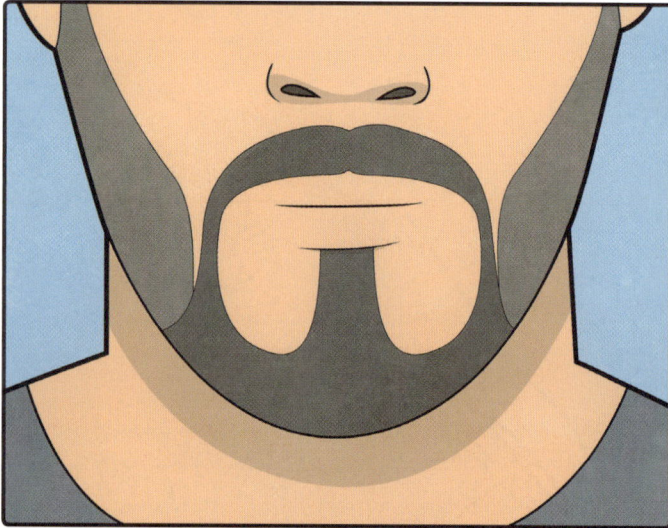
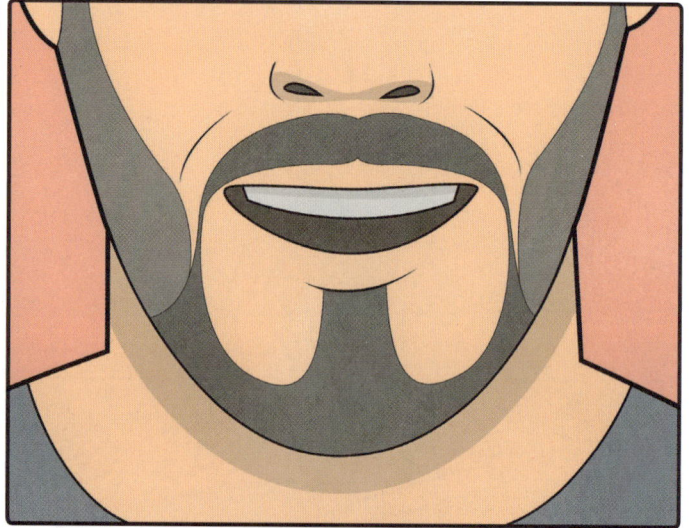
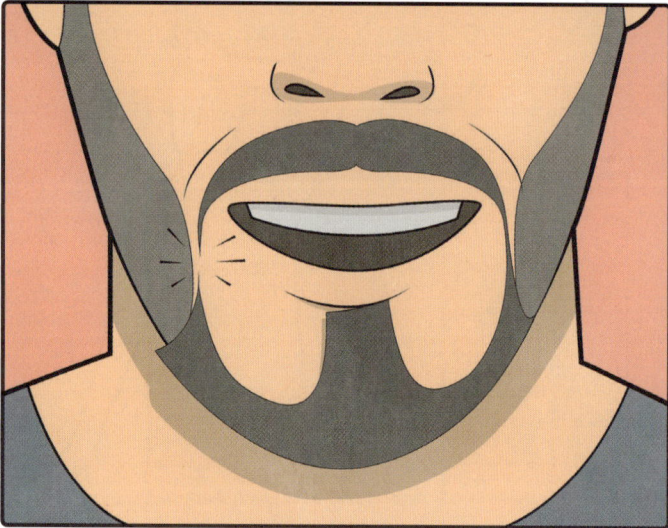
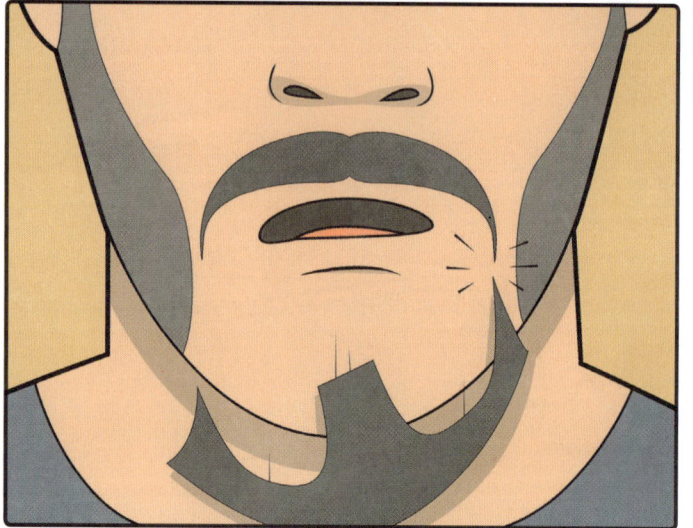

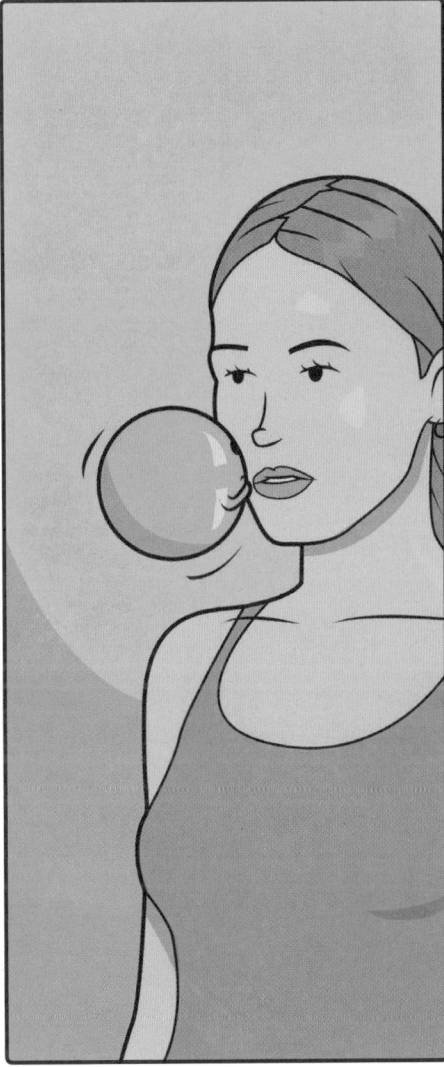

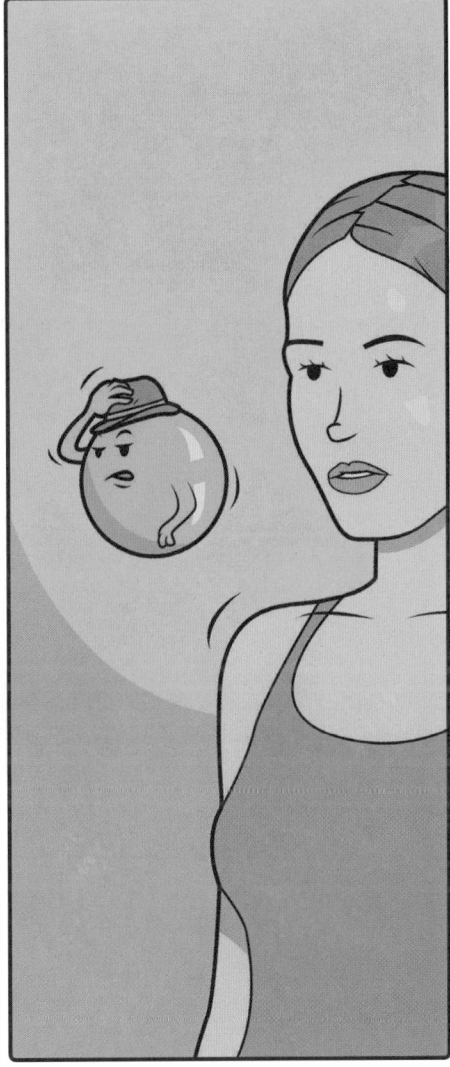

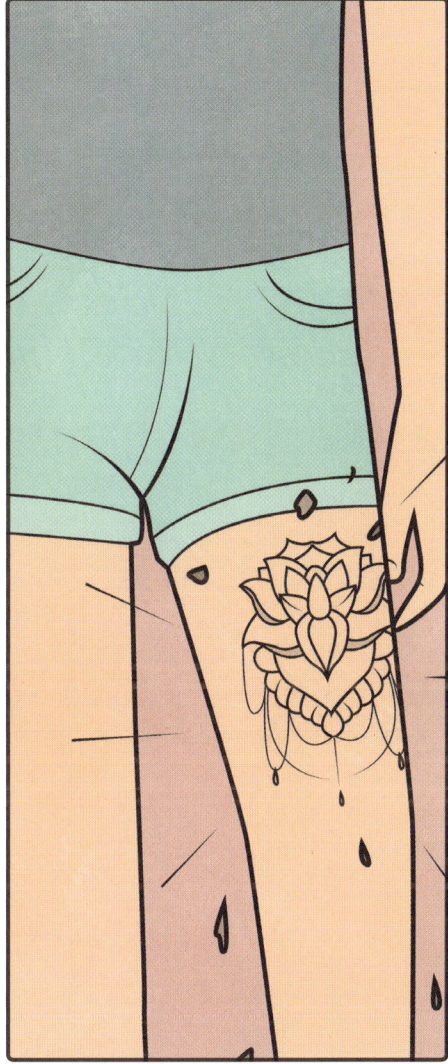

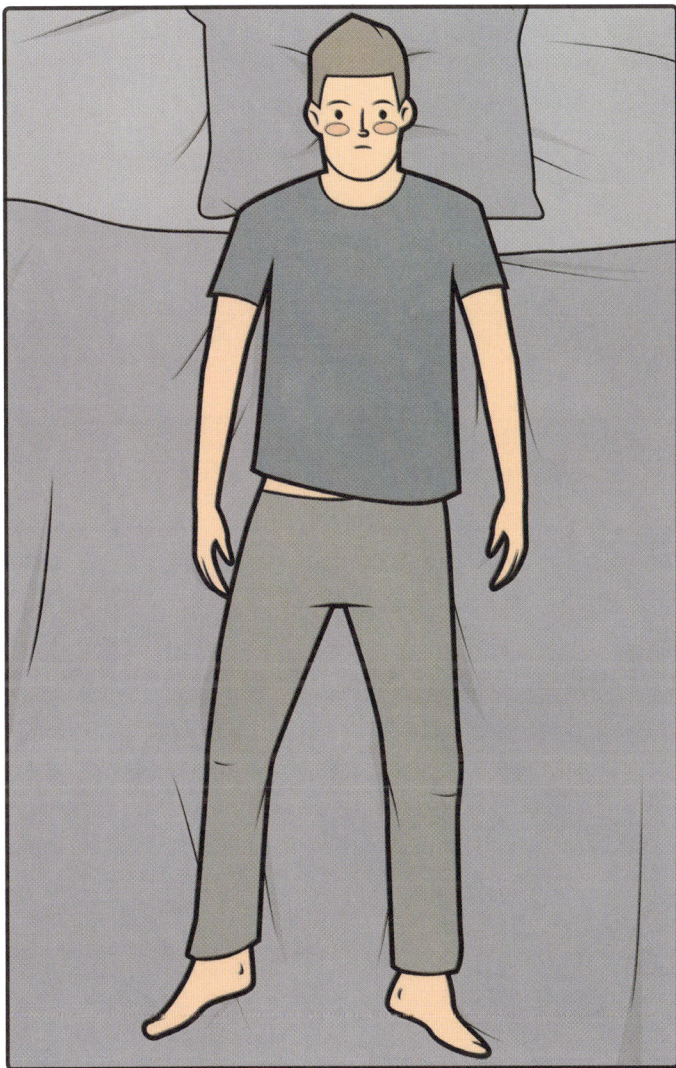

天花板

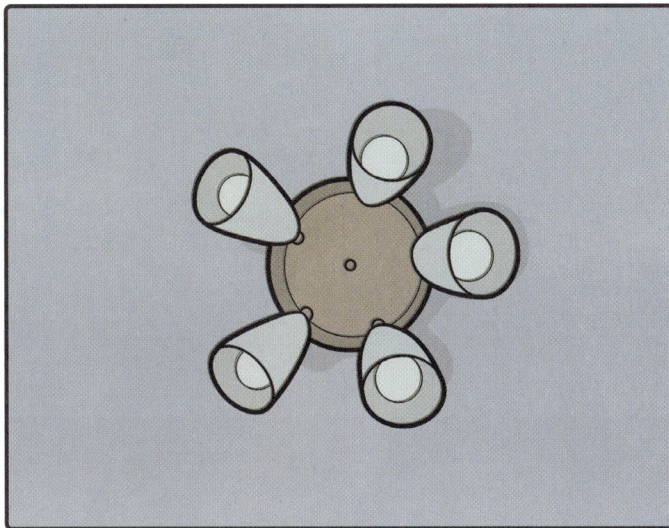

周末
▶ 订阅

1,099,607

👎 👎

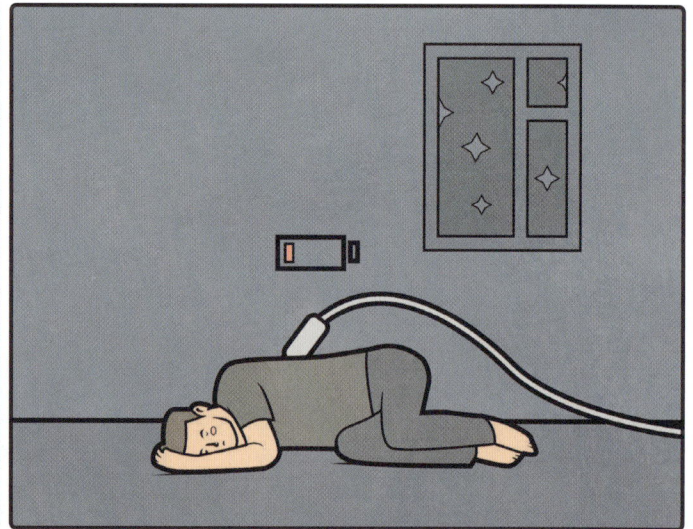

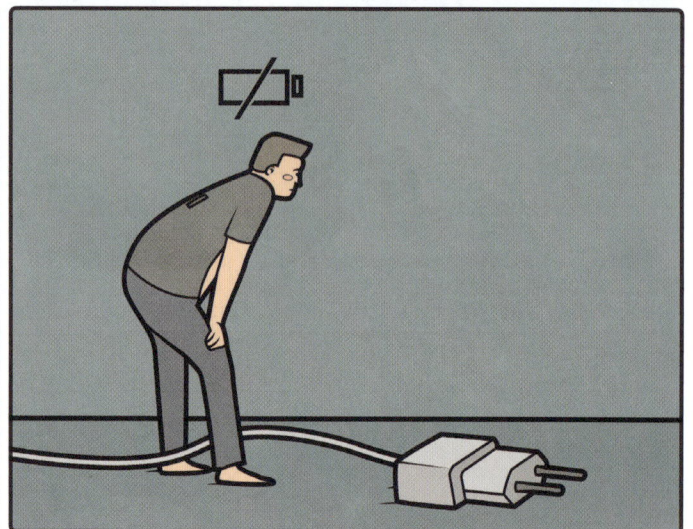

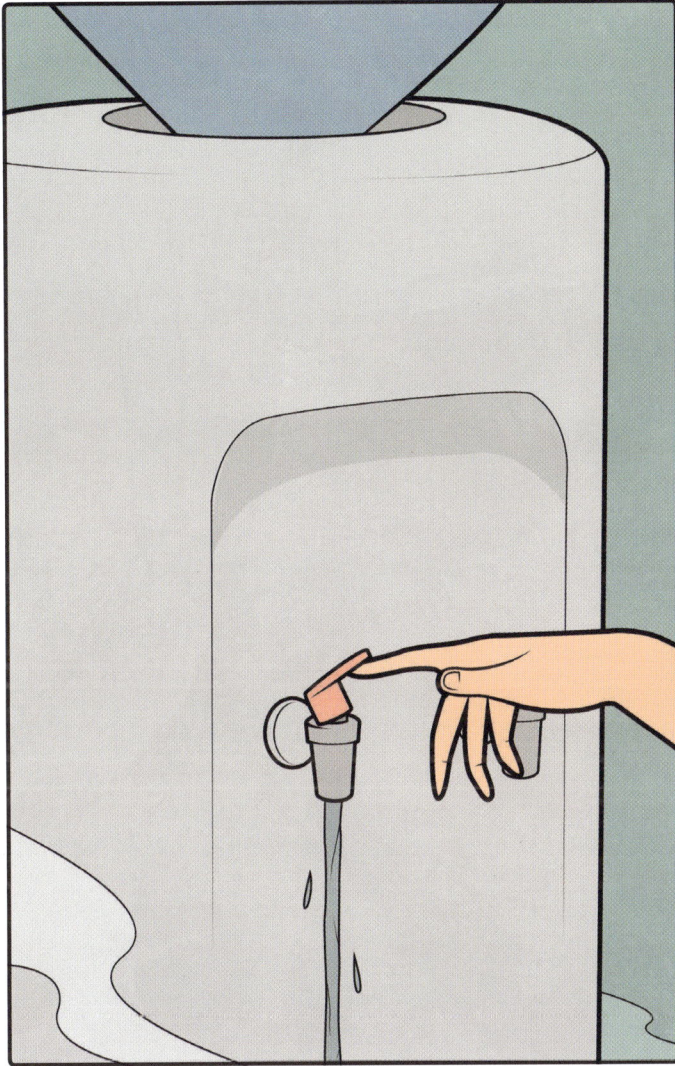

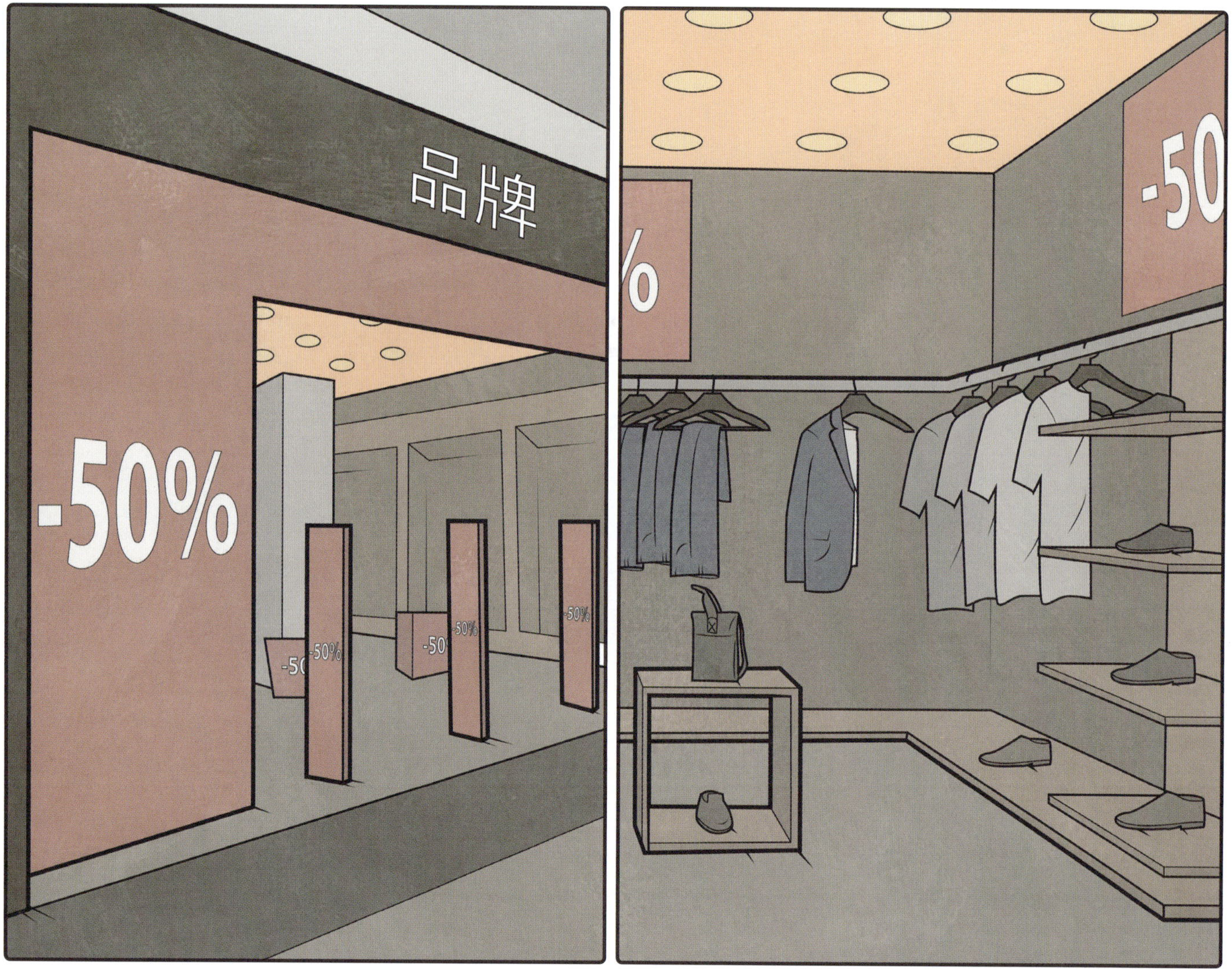

品牌
-50%
-50%
-50%
-50%
%
-50

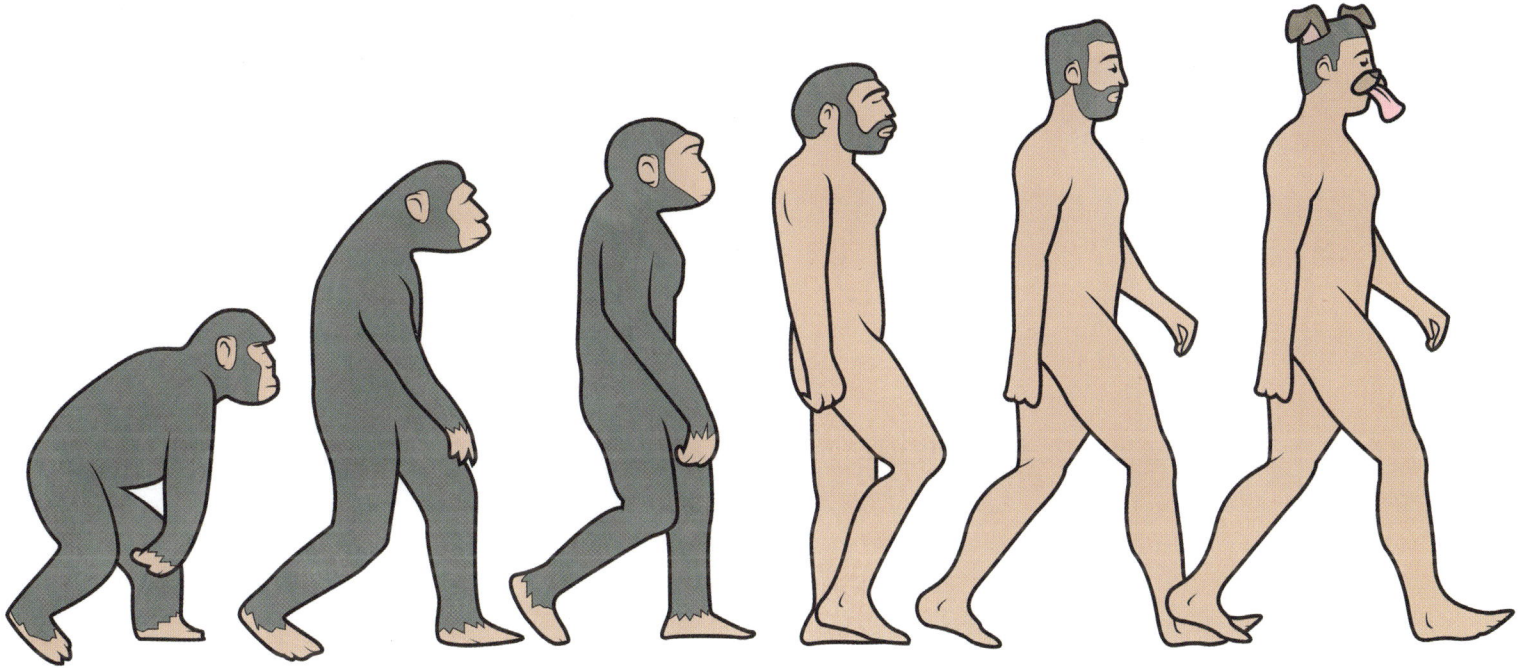

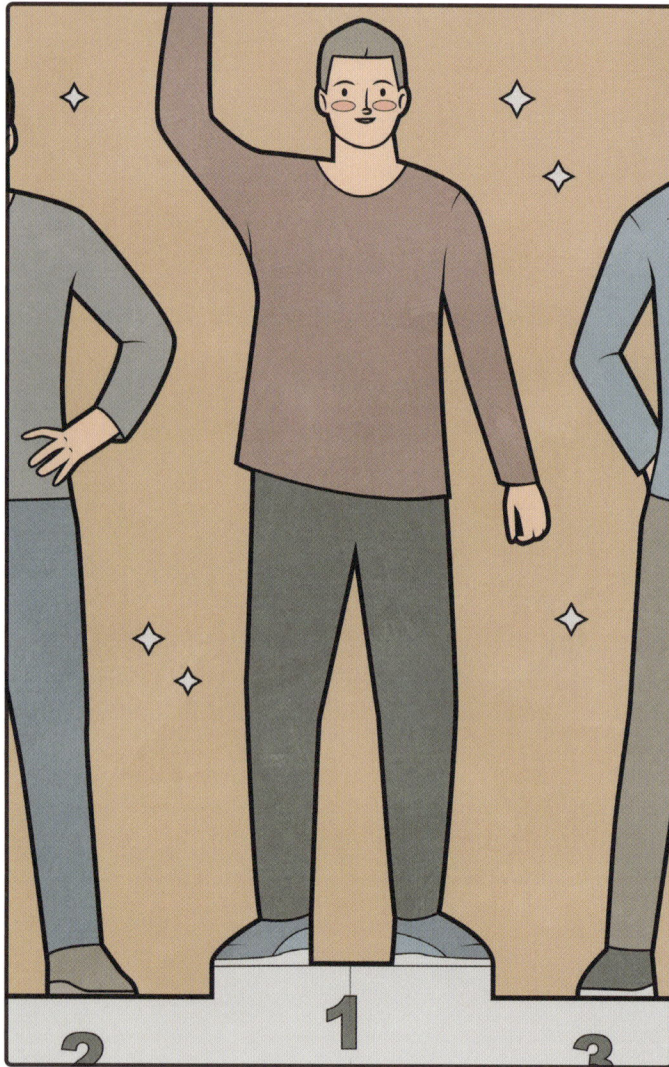

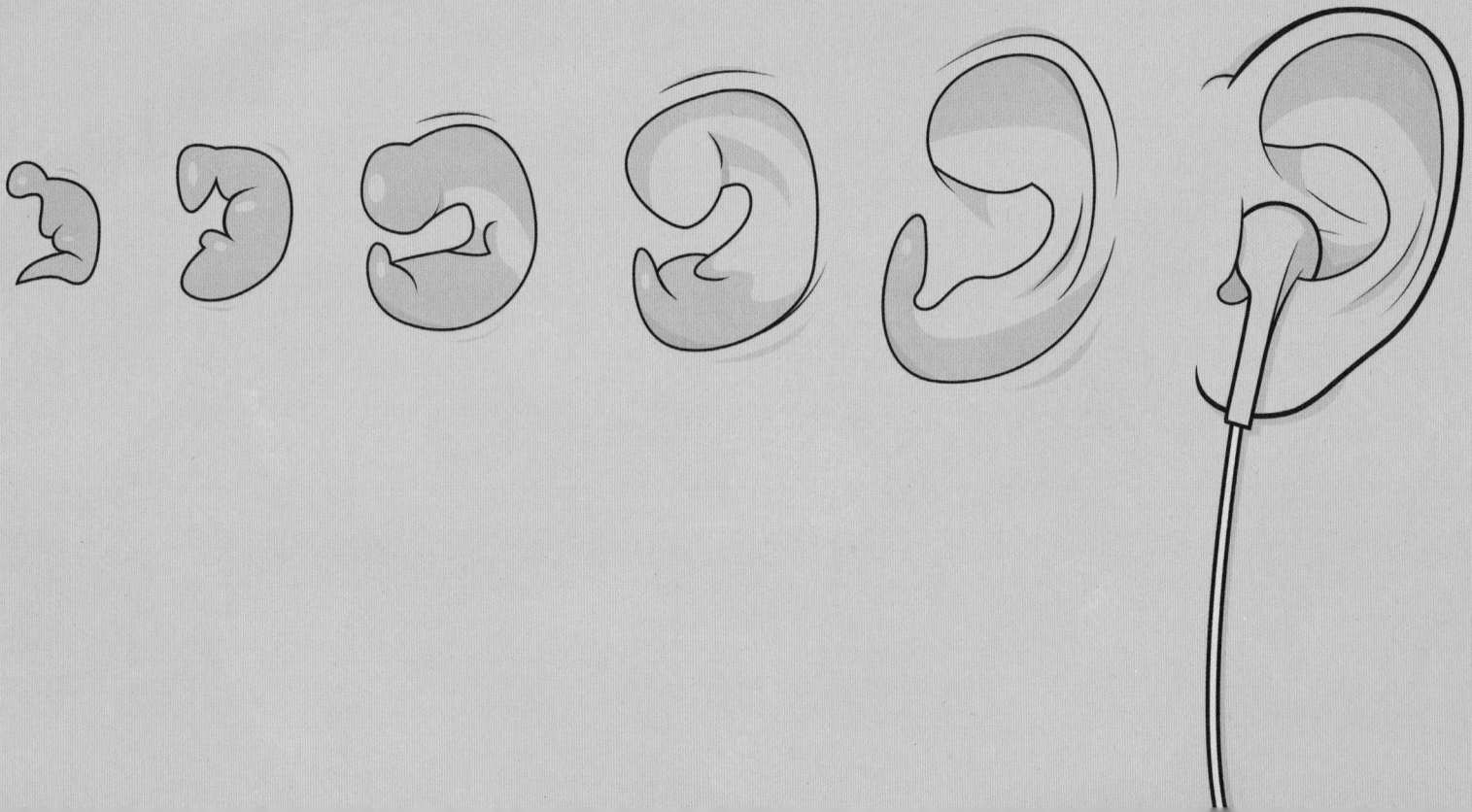

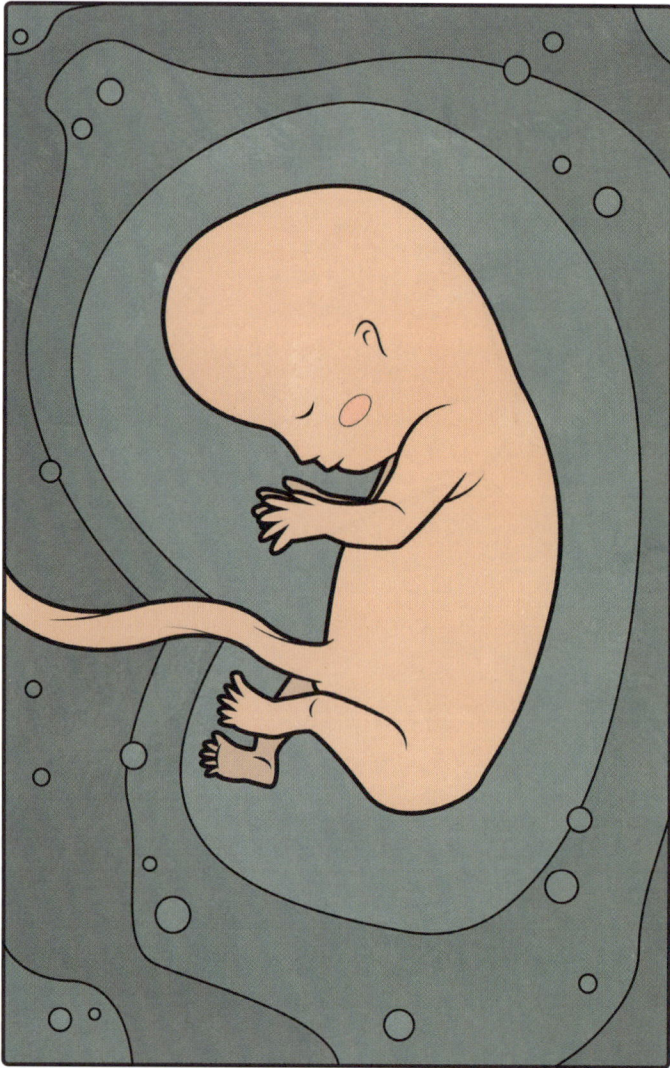

期望

现实

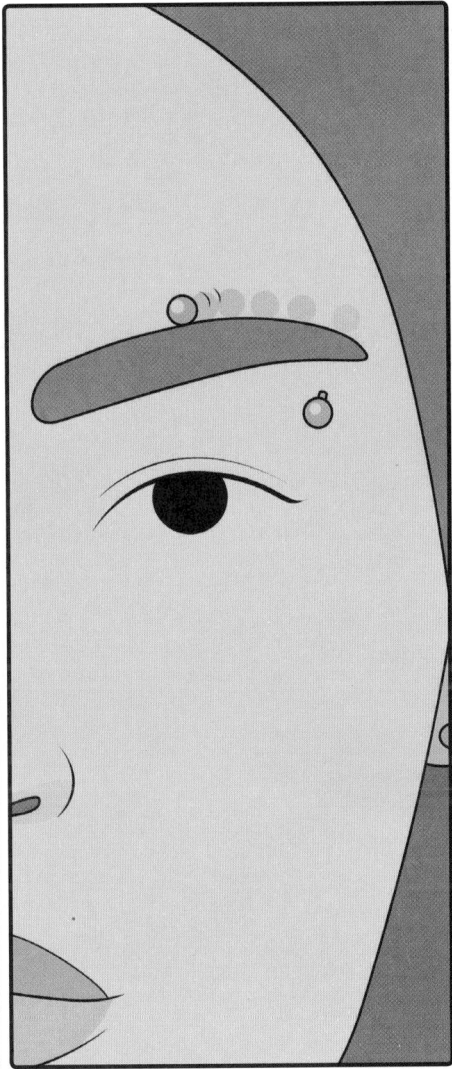

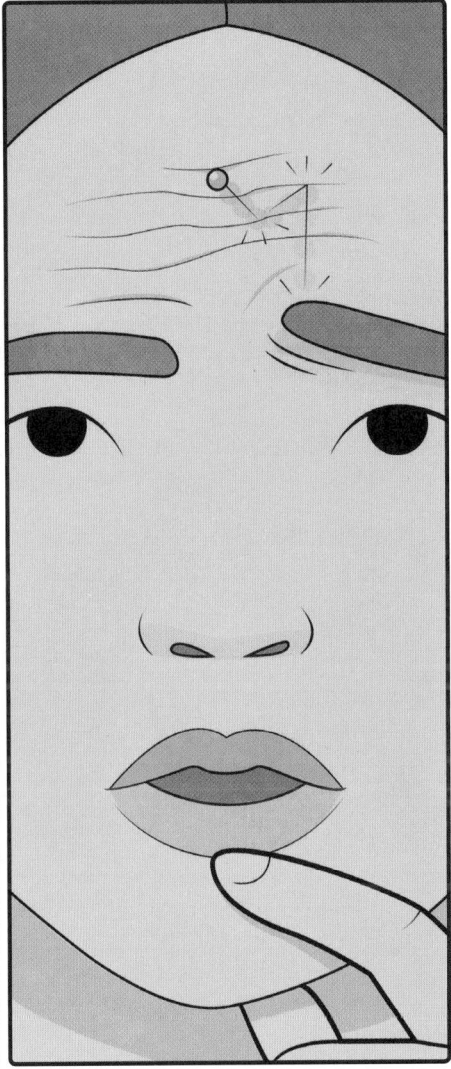

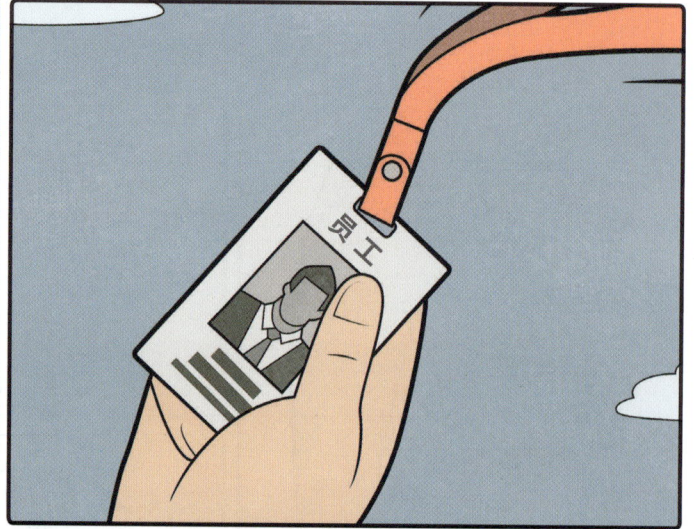

感到幸运

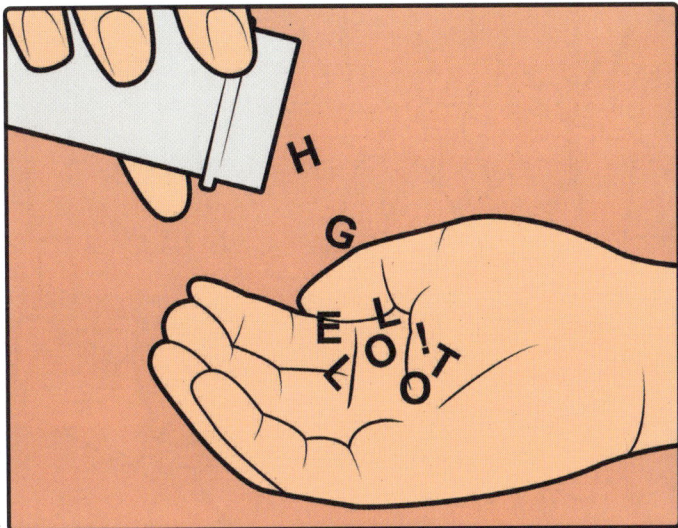
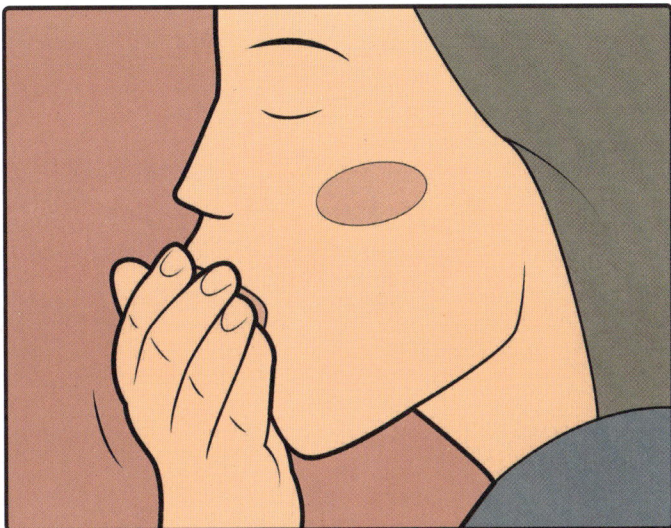

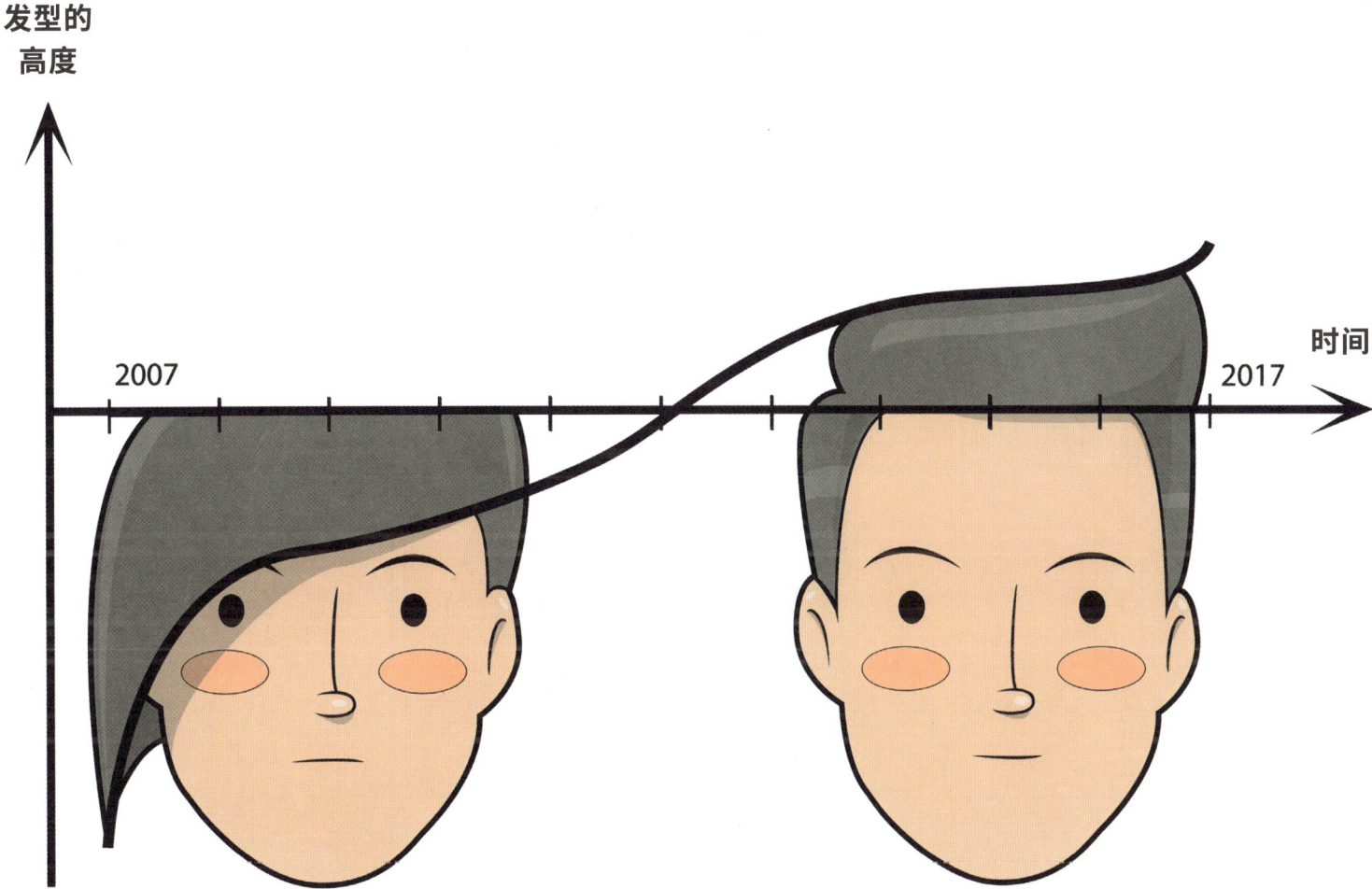

发型趋势图

发型的
高度

时间

2007

2017

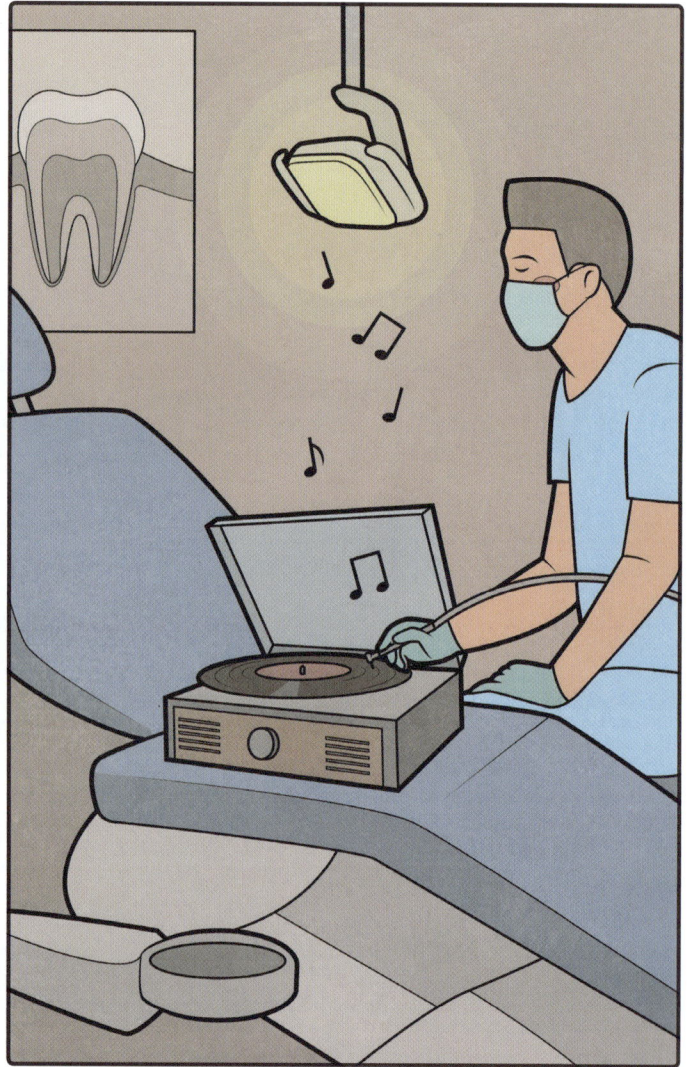

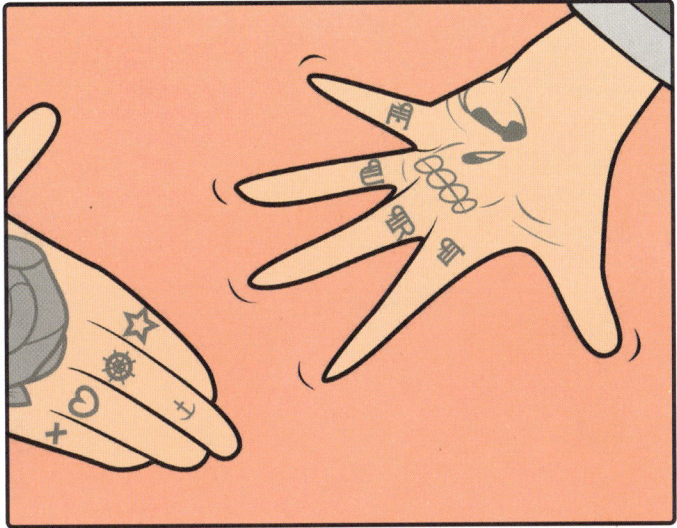

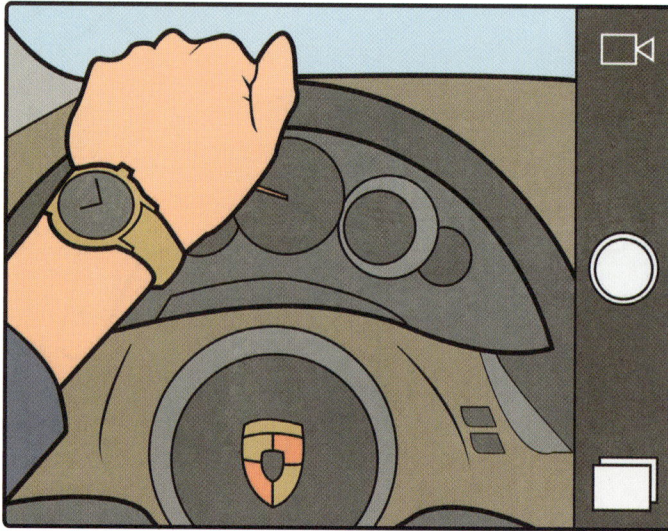

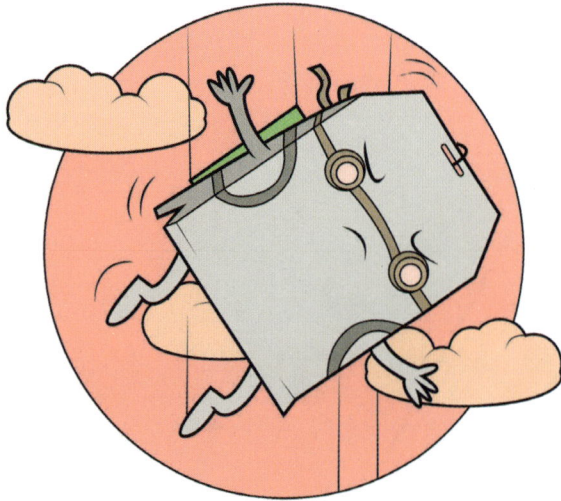
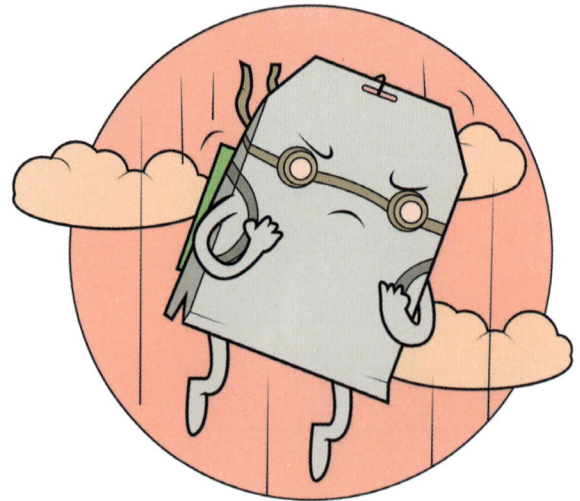
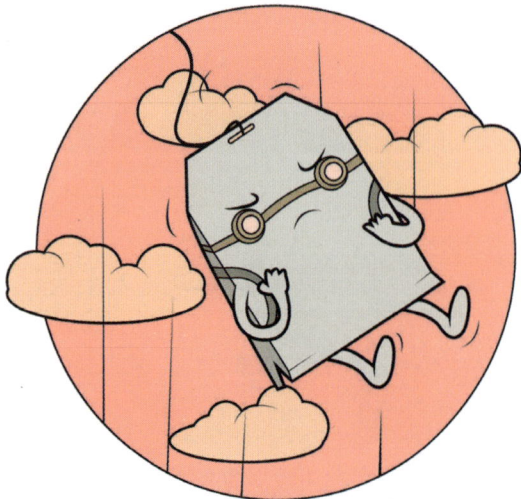
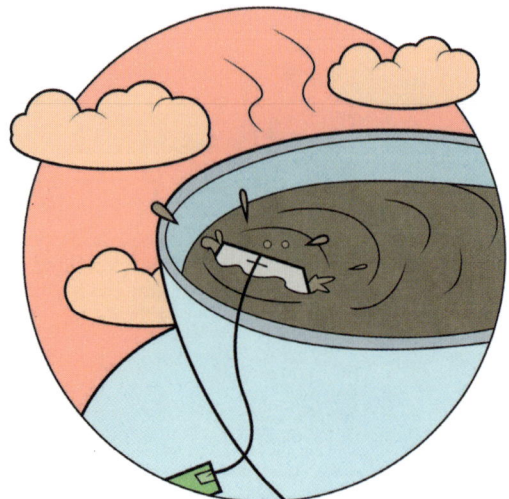

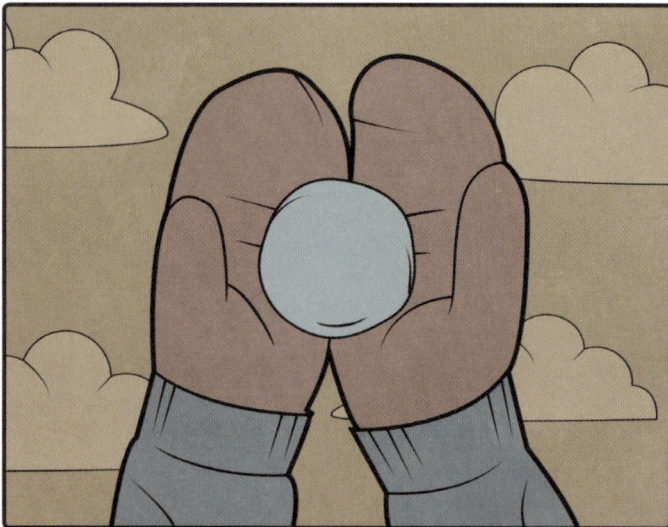

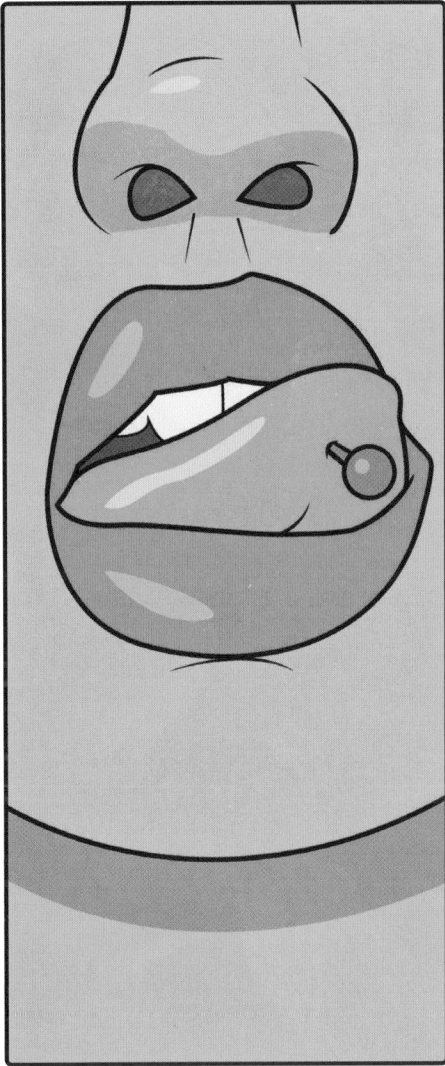

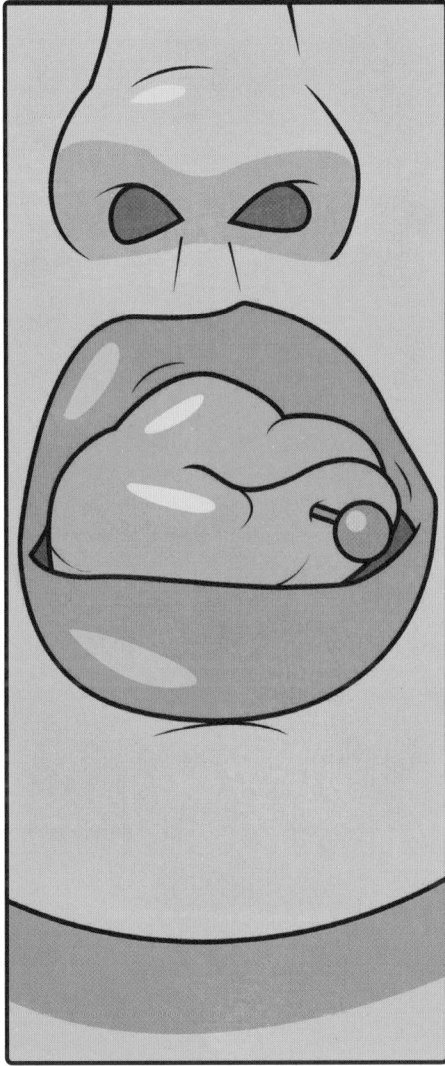

美好的一天

95

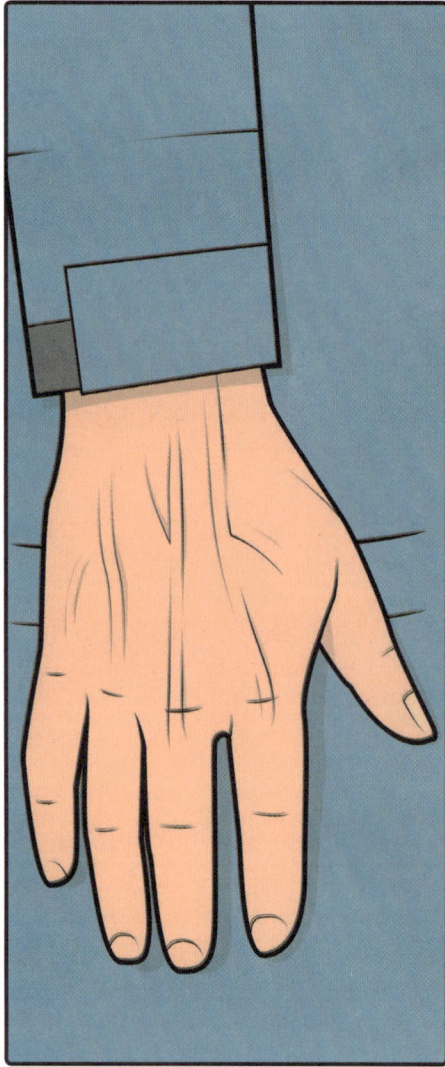

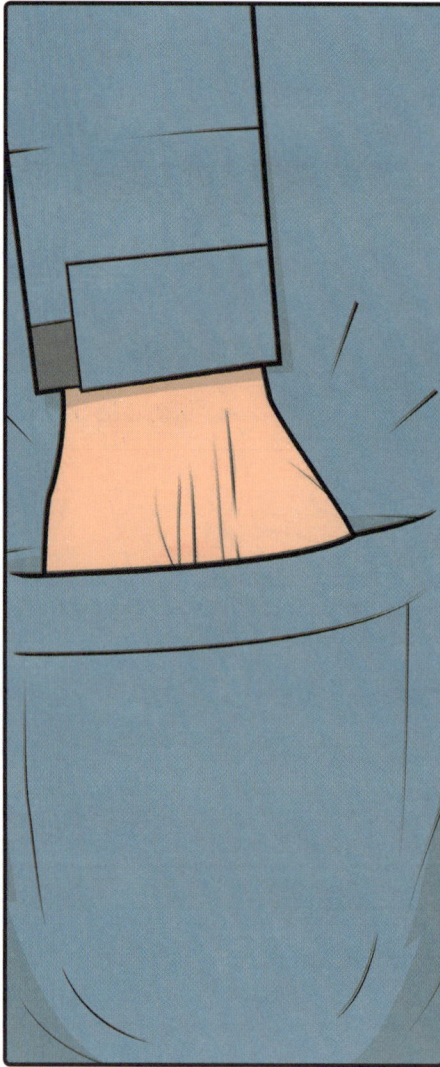

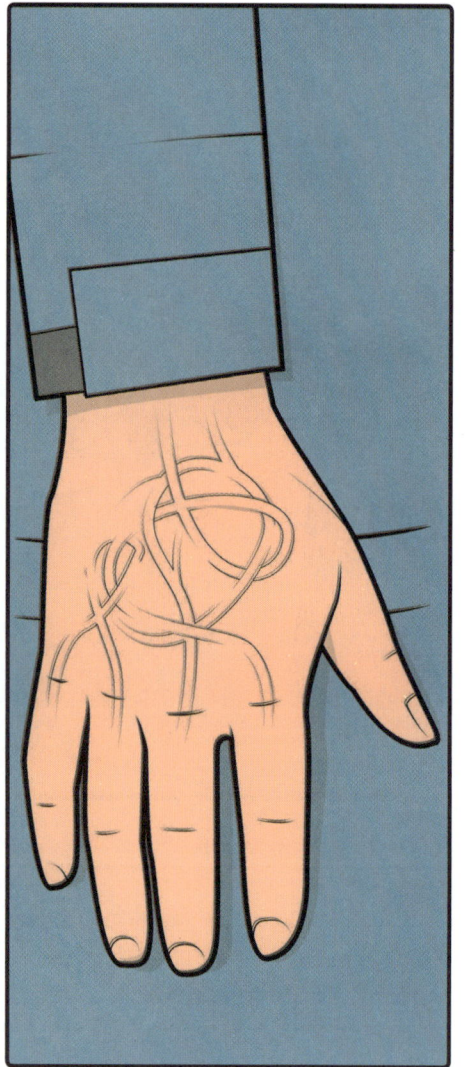

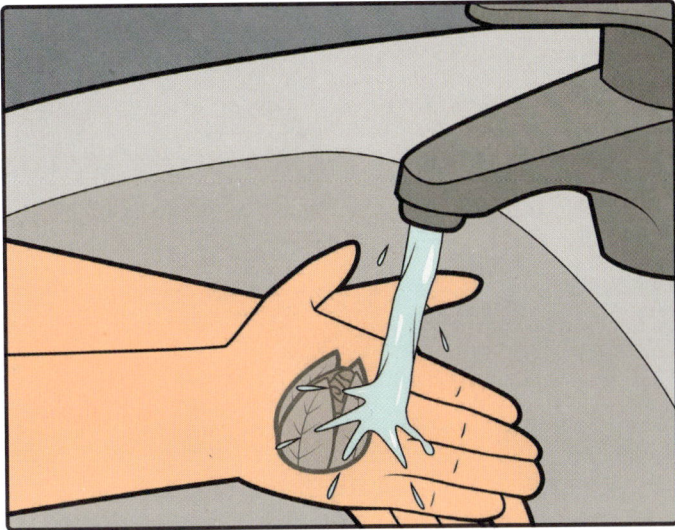

99

1000 ♡

我爱夏天！

我爱夏天！

我爱夏天！

……

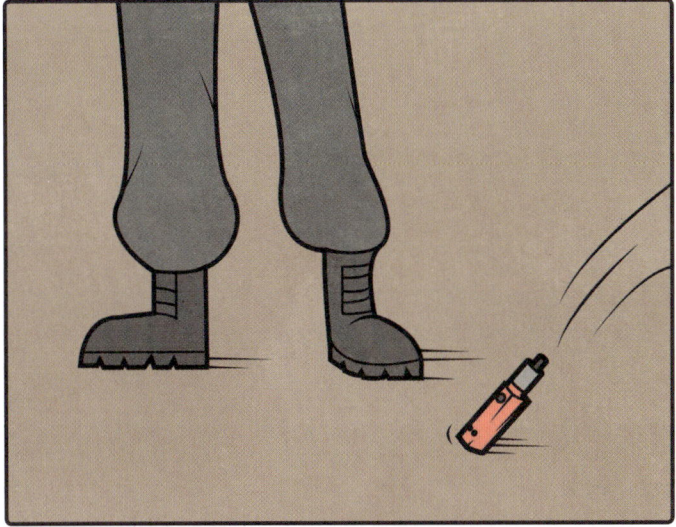

许多看起来重要的

真正重要的

真实生活

Instagram
（社交网络）

希望我今晚能梦见你

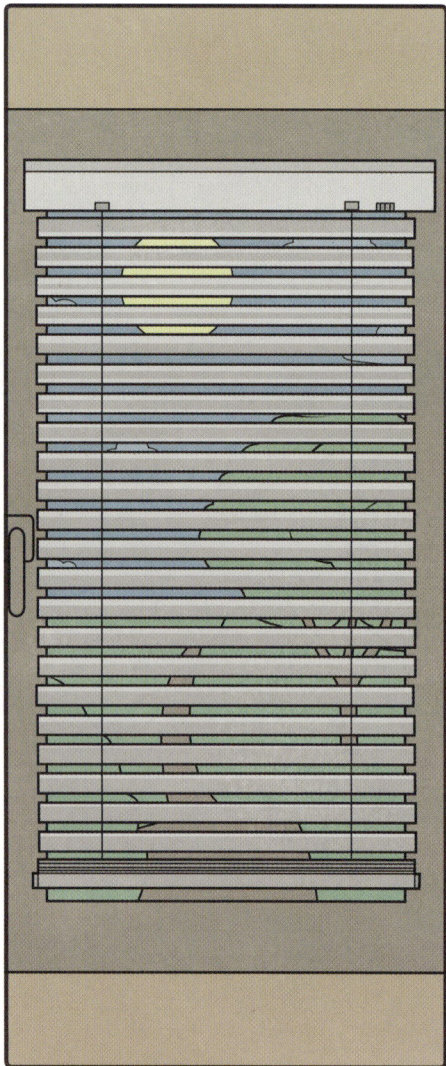

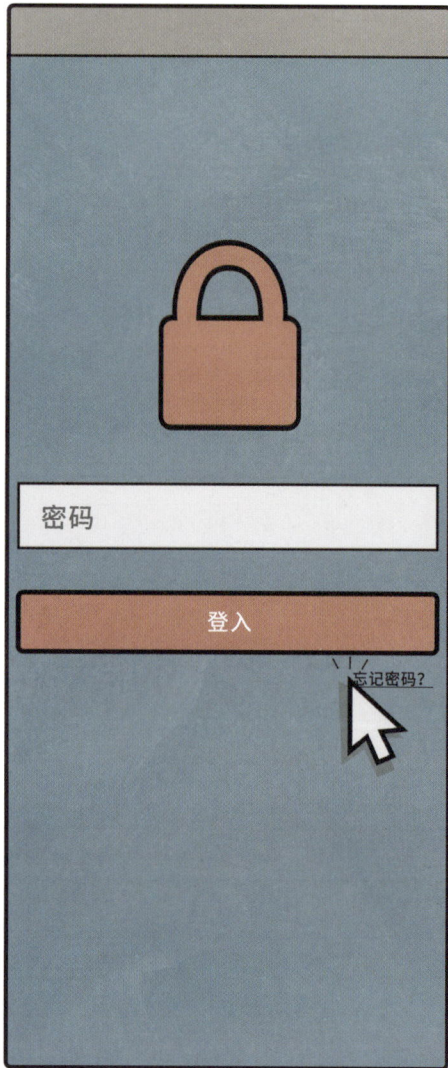

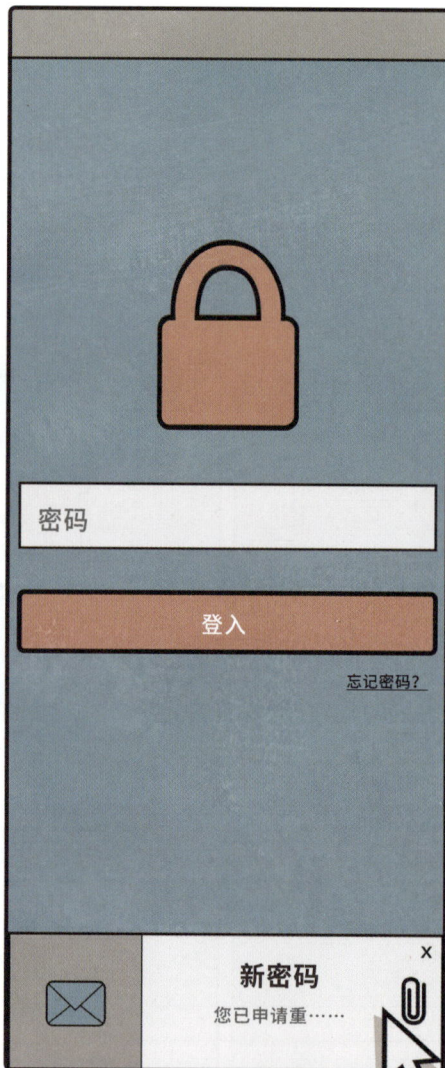

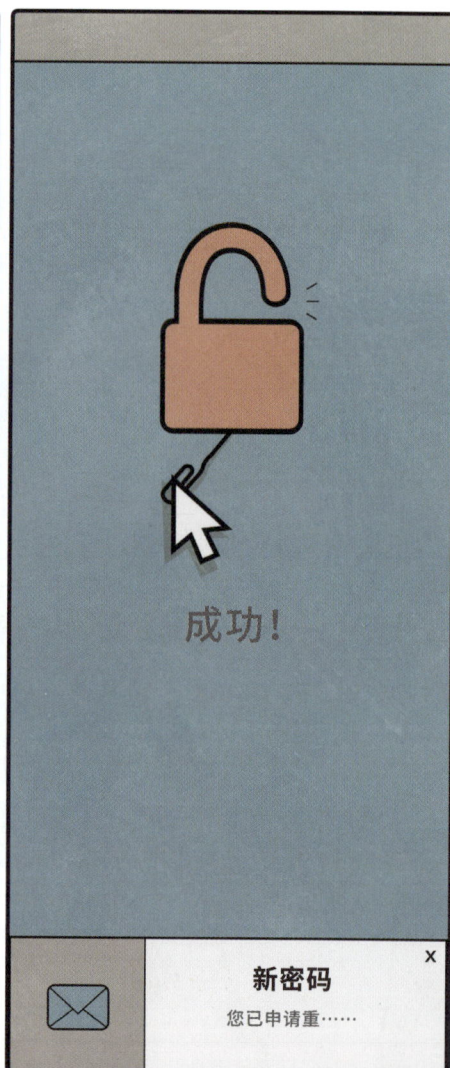

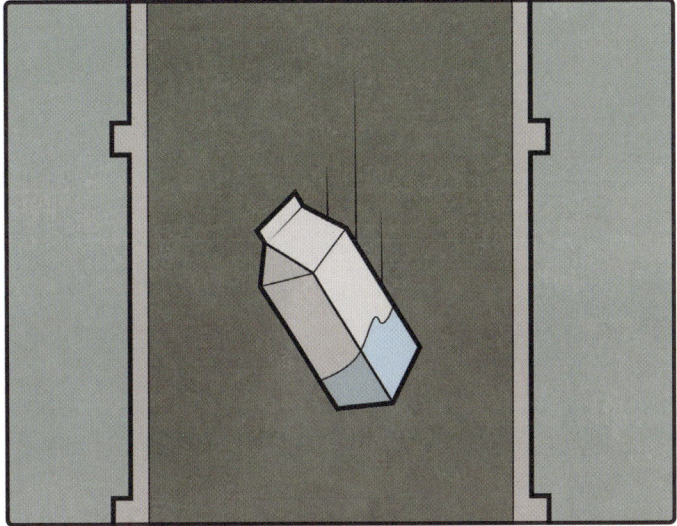

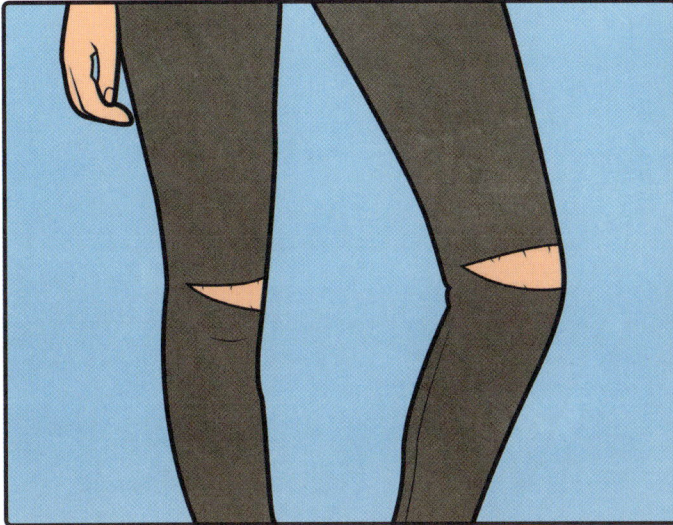
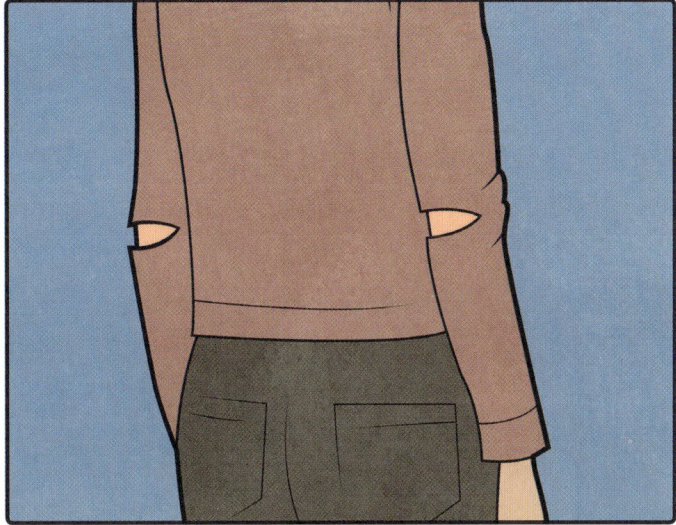

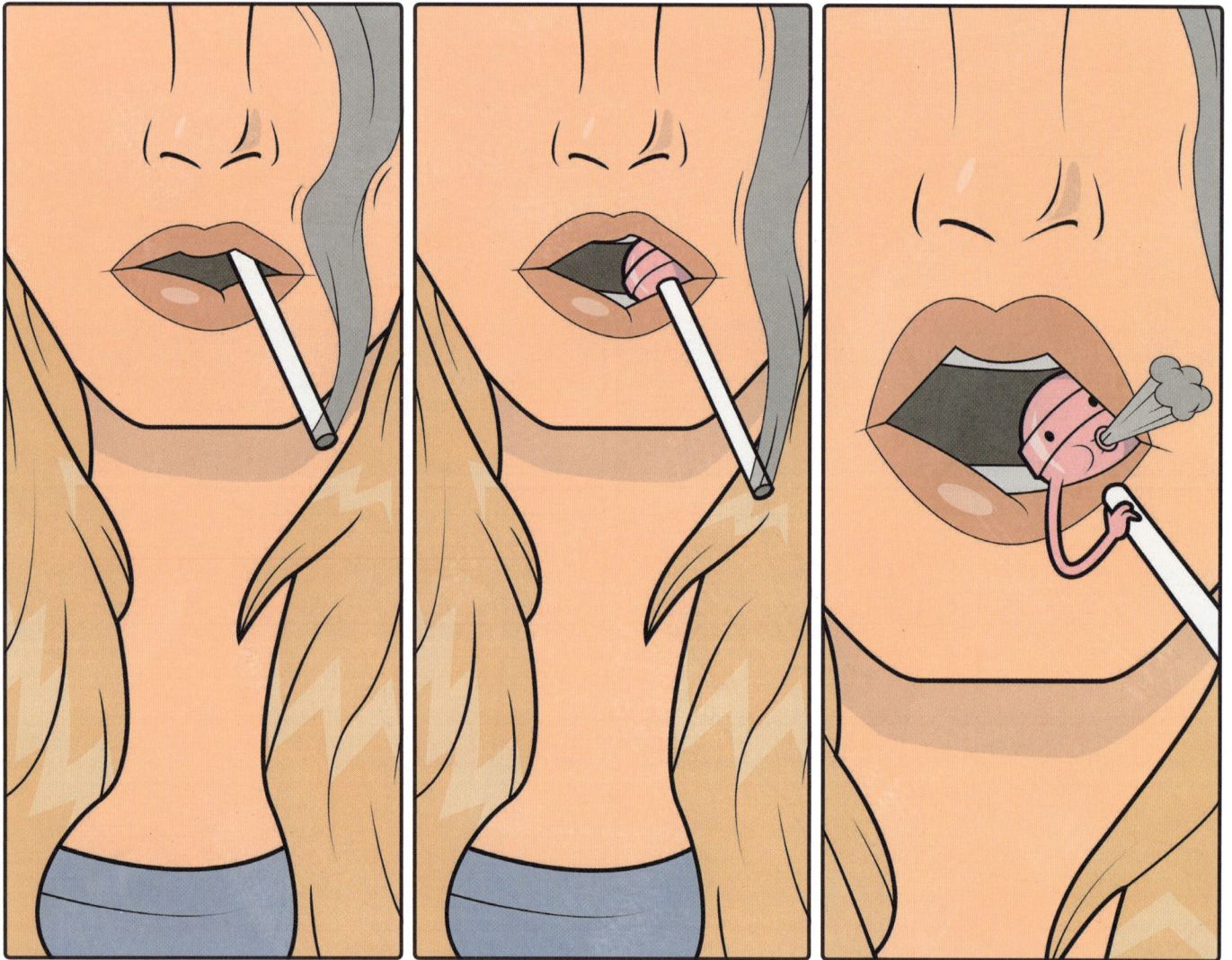

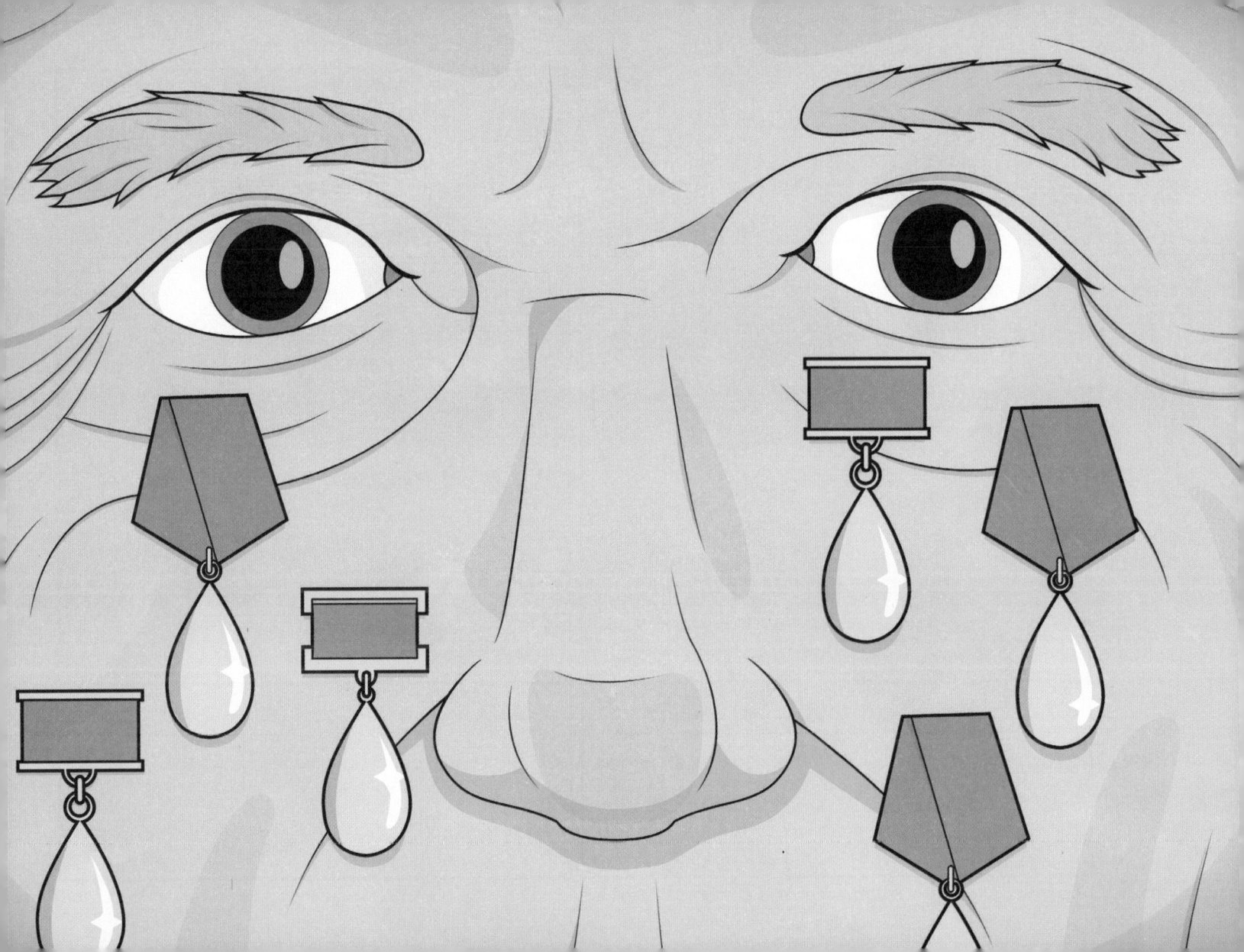

结 束

舒适区

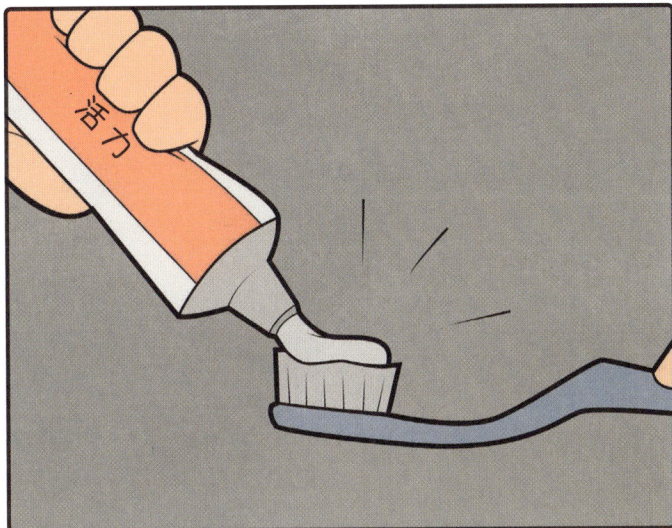

活力

自欺欺人

雄心抱负

133

网络大奖

在展示某人整体外貌方面
取得杰出成就

为故事发展出自己
独立的类型做出宝贵贡献

在让世人了解某人自己的成就
方面取得令人难忘的成就

积极参与和近代电影产业
输出内容相关的讨论

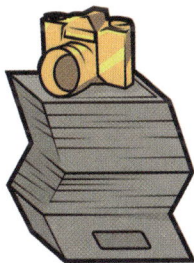

对某人当下娱乐消遣
最全面的报告

在评论与之无关的事件方面
拥有最出色的专业知识

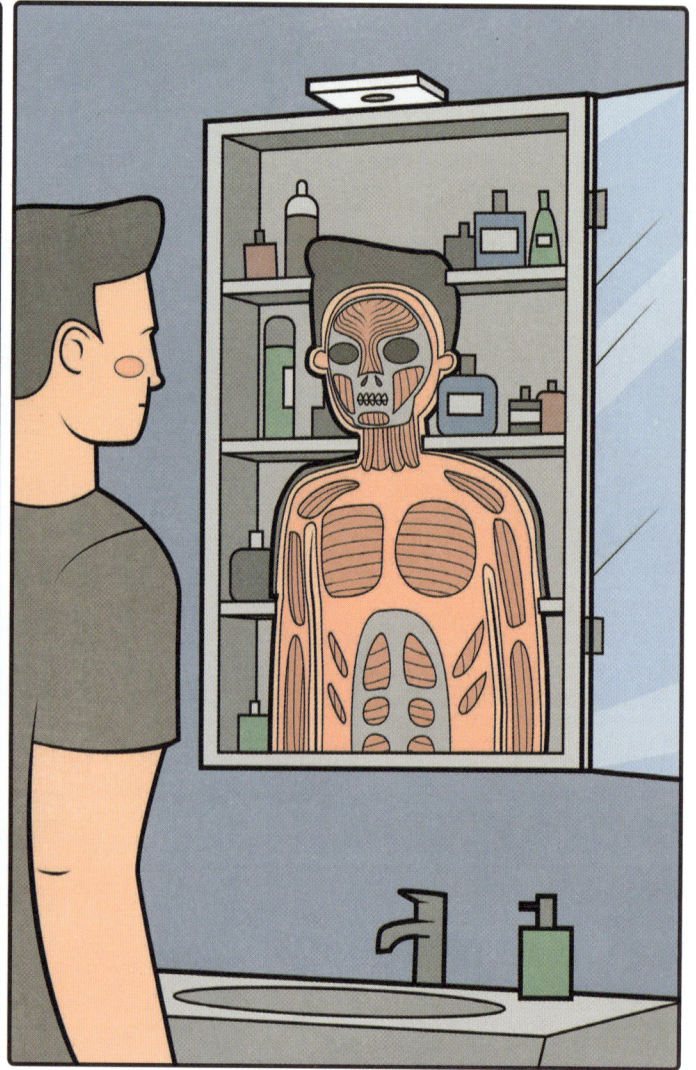

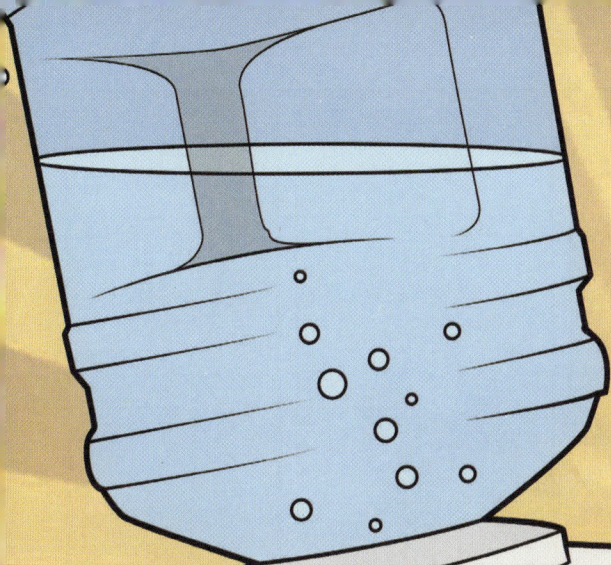

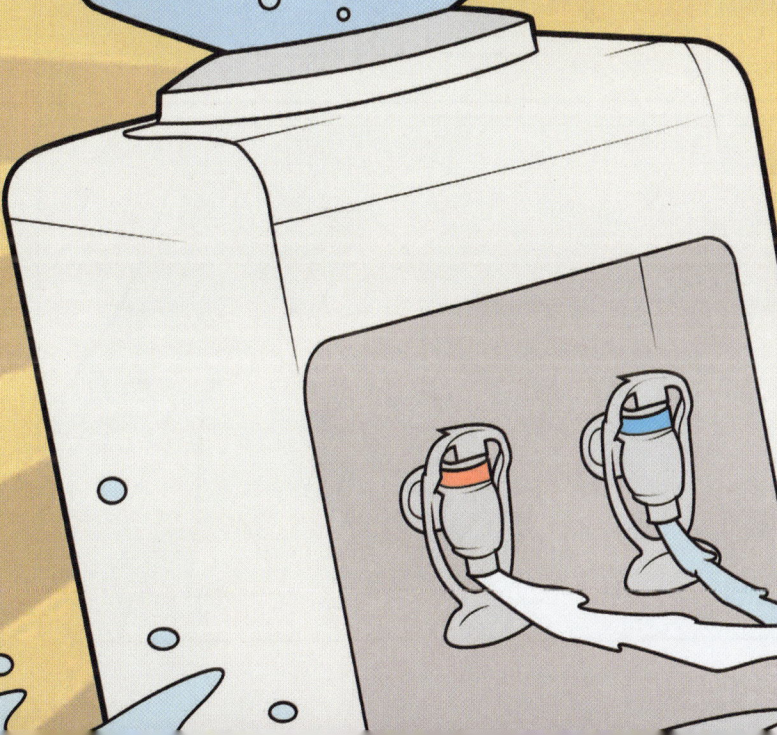

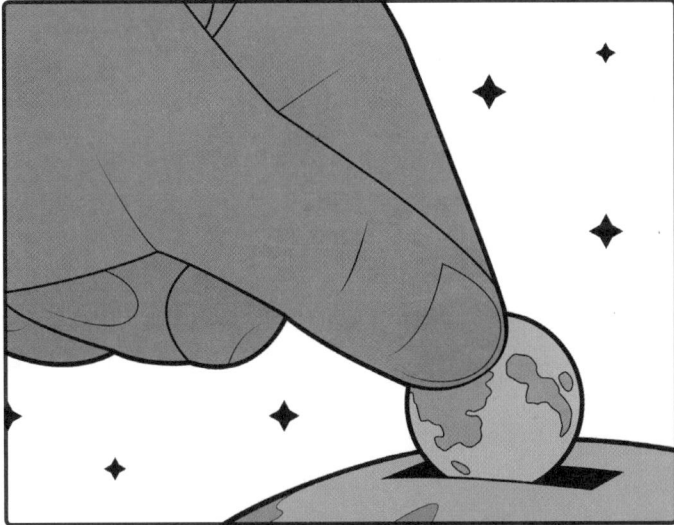

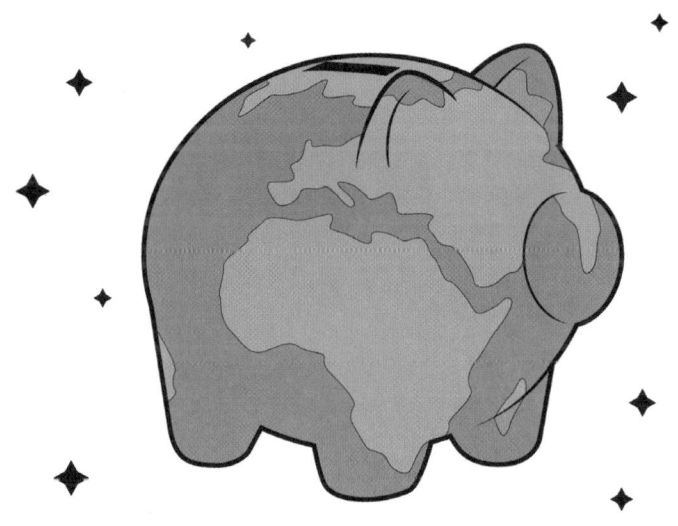

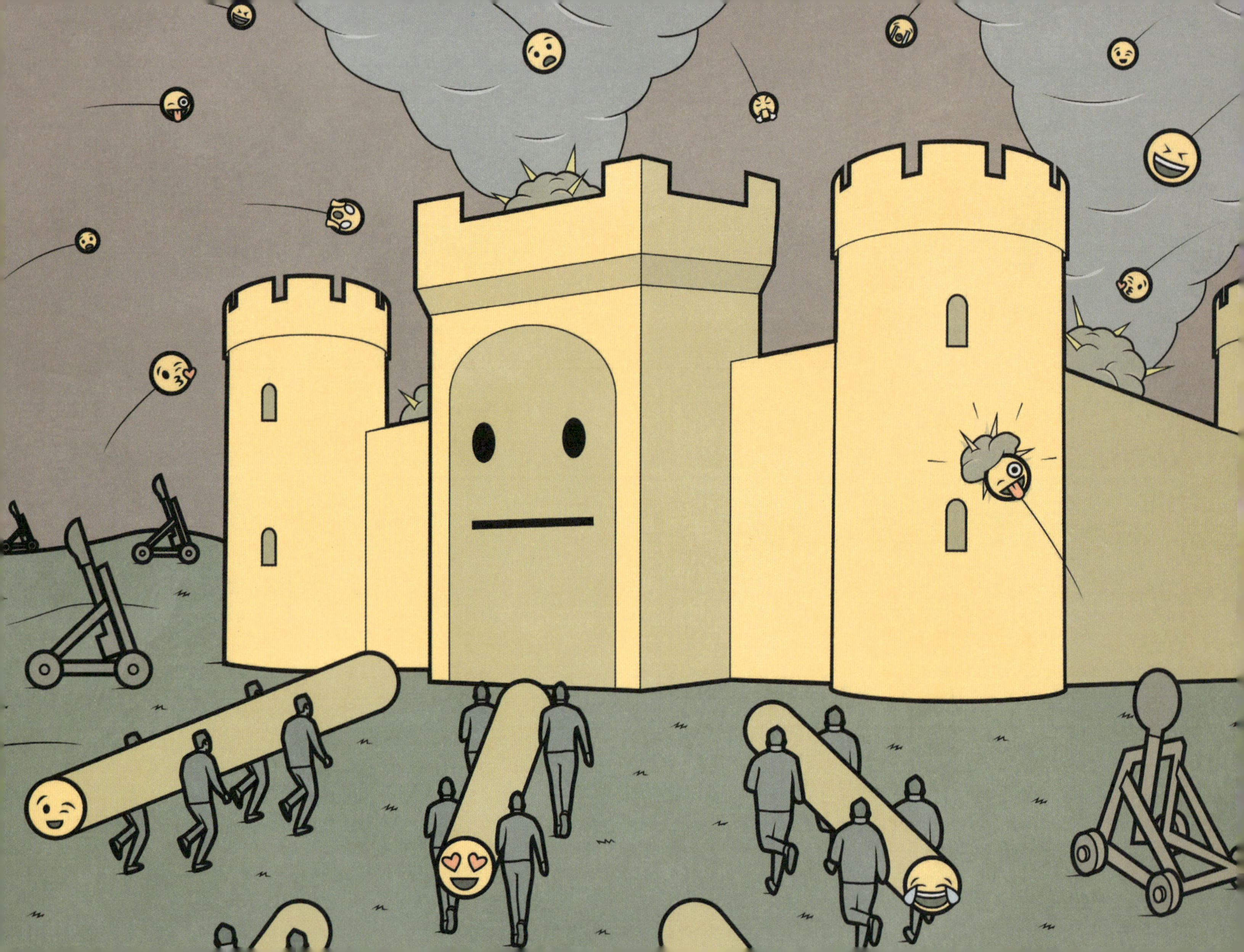

143

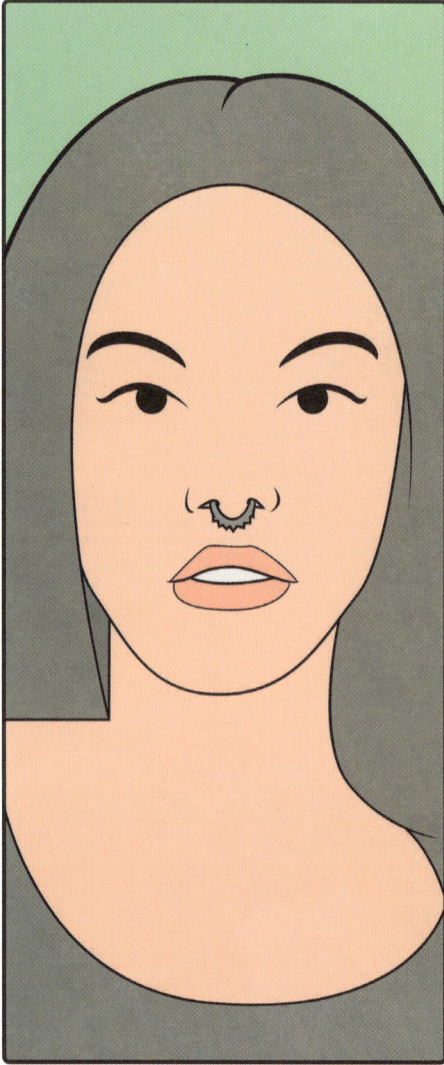

没什么可听的

没什么可看的

没什么可穿的

没什么可以说话的人

145

151

公寓漫画

30 扇窗户之后……

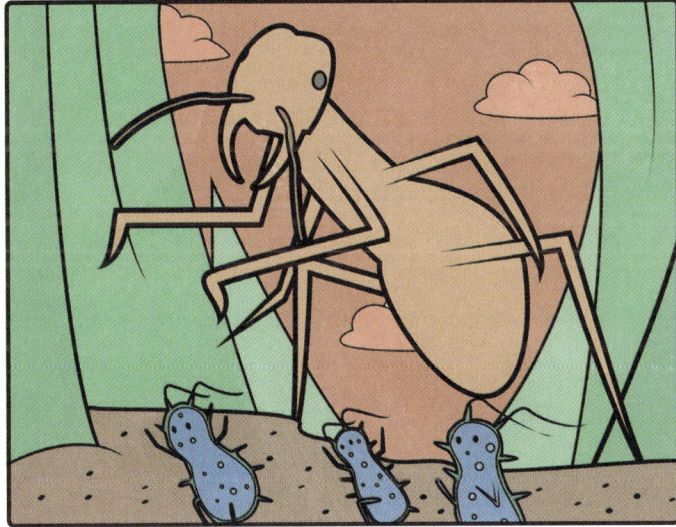

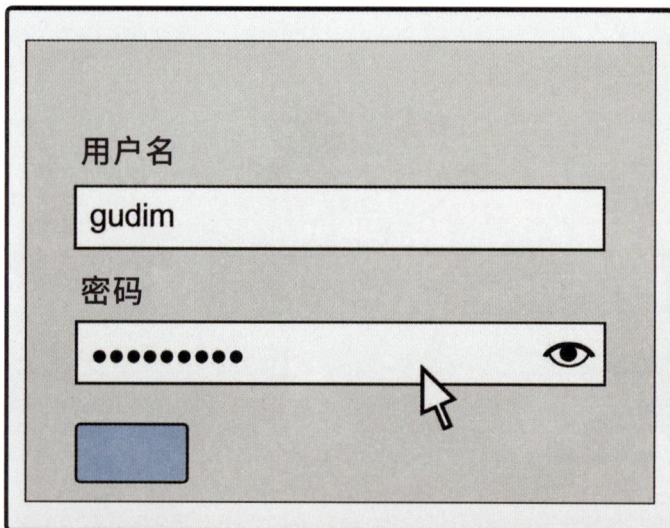
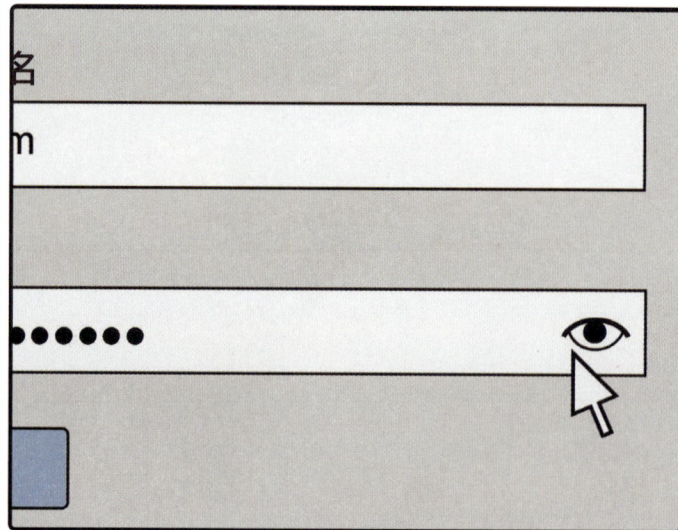

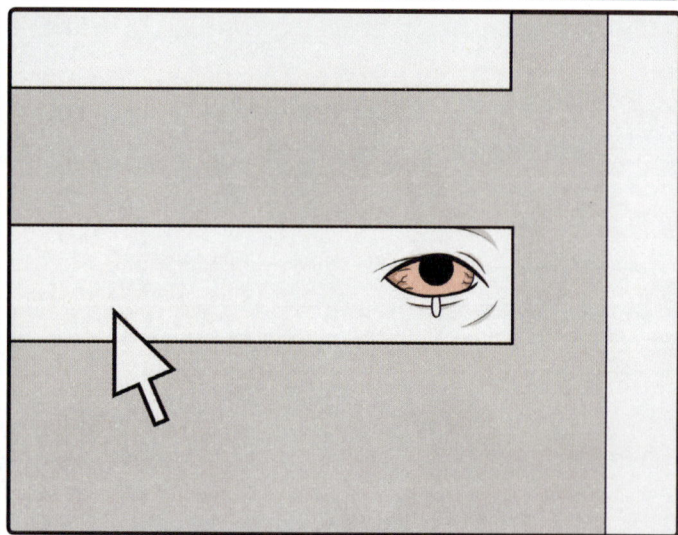

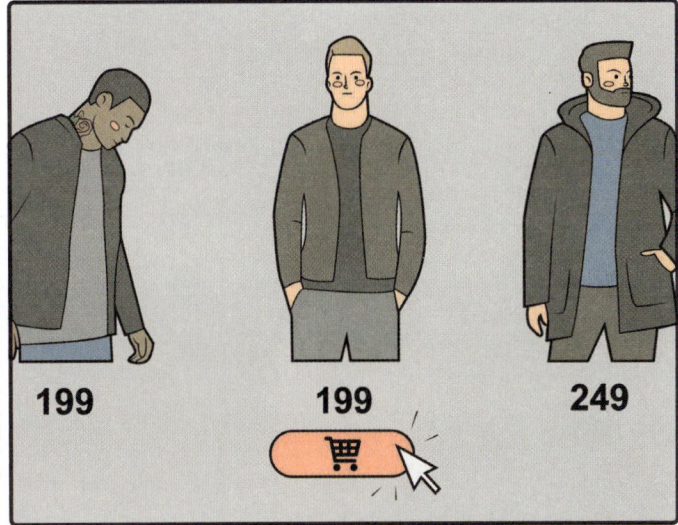

199   199   249

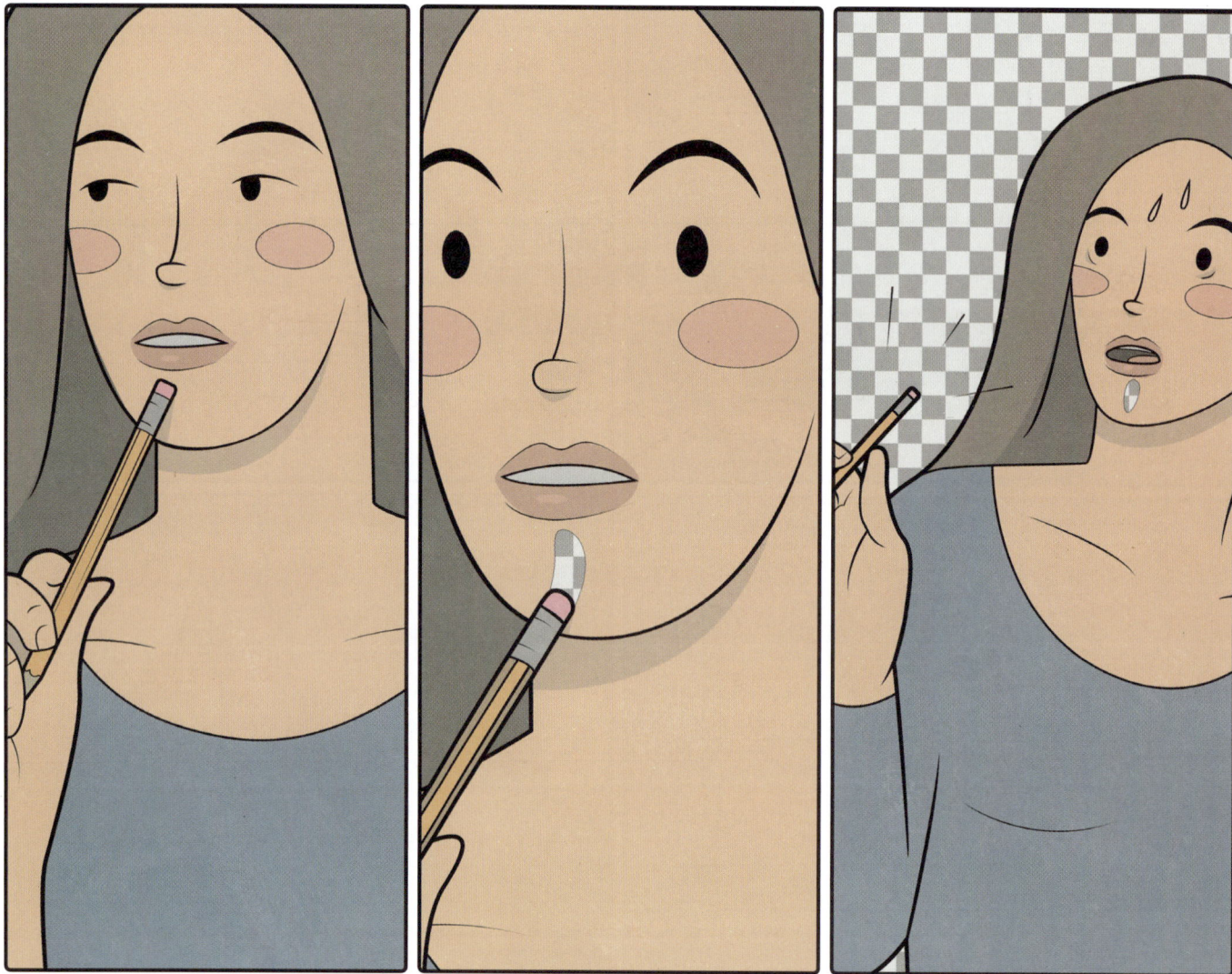

一般

好

很好

完美

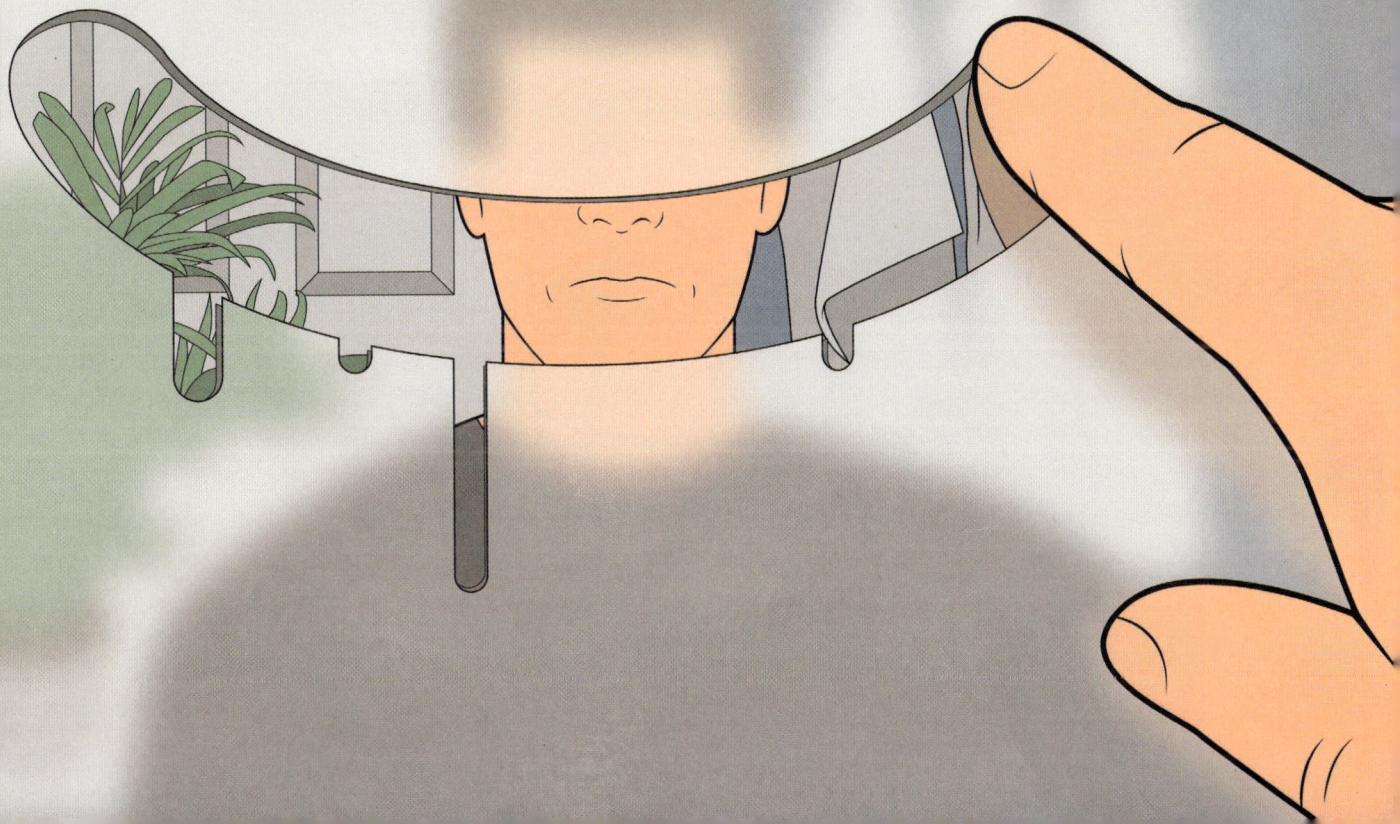

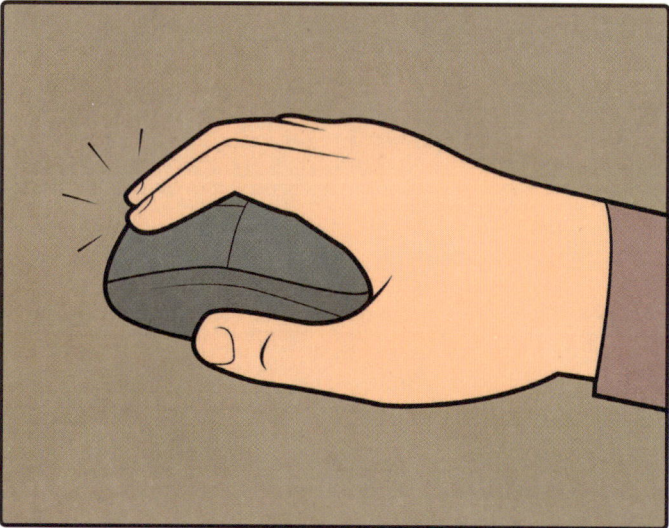

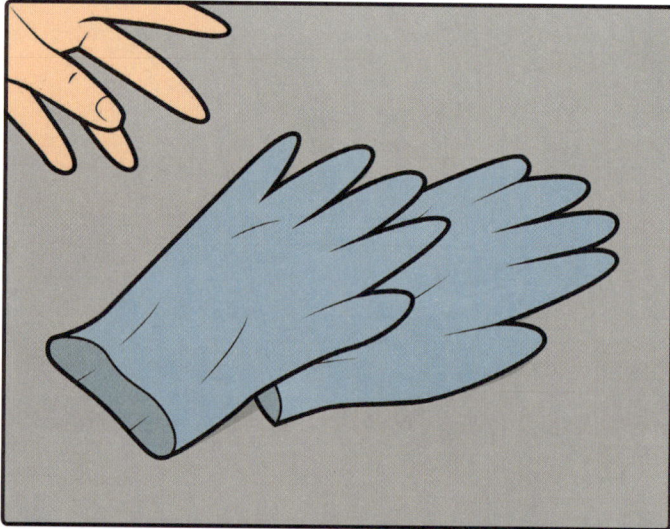
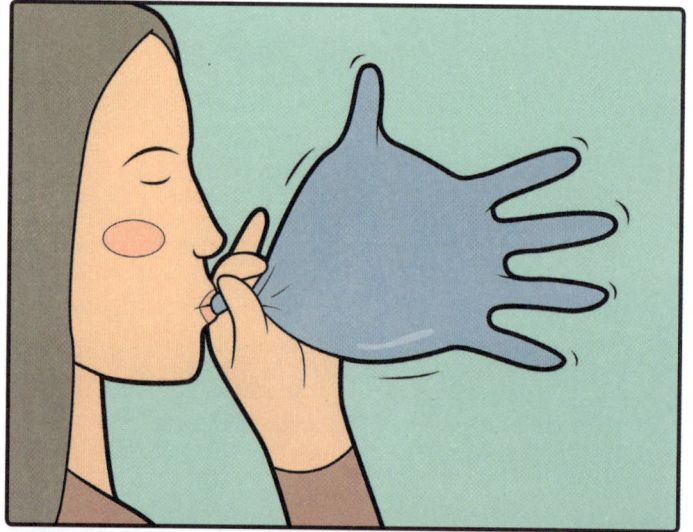
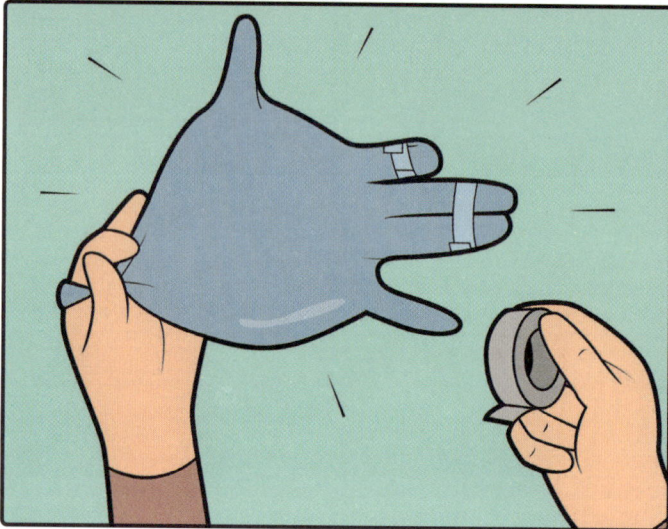
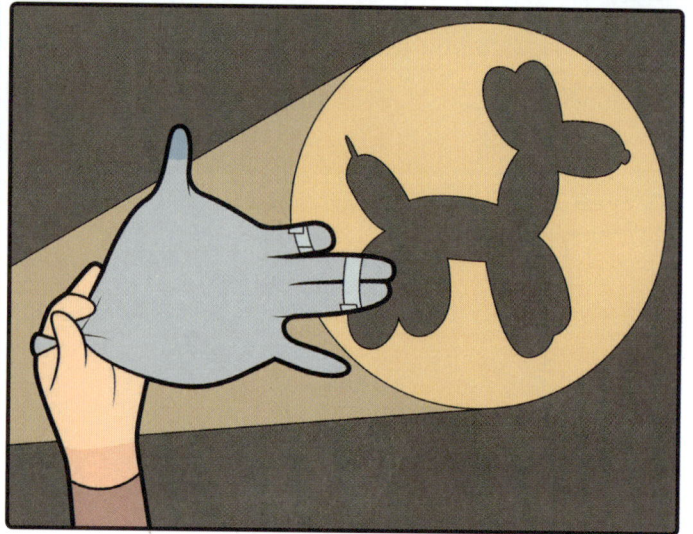

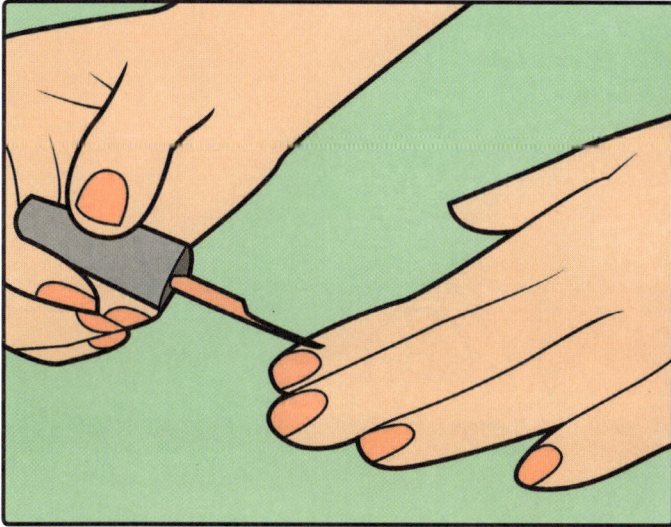
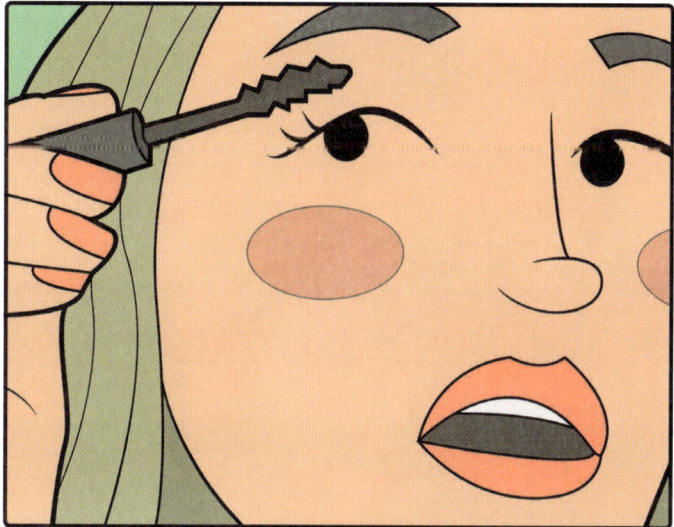
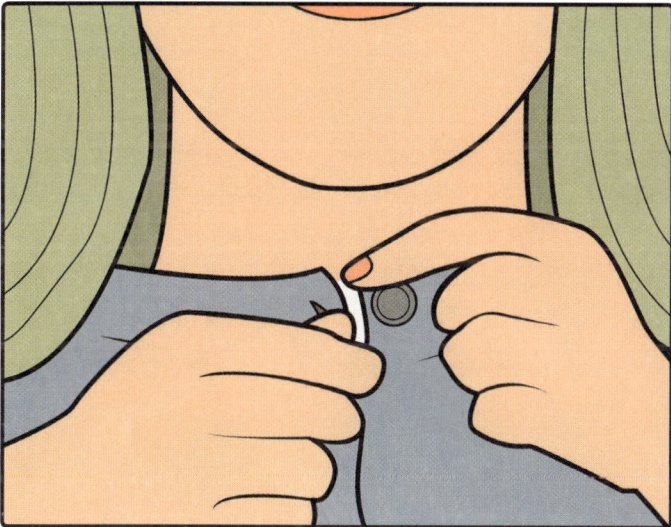

他们说每一片雪花
都是独一无二的……

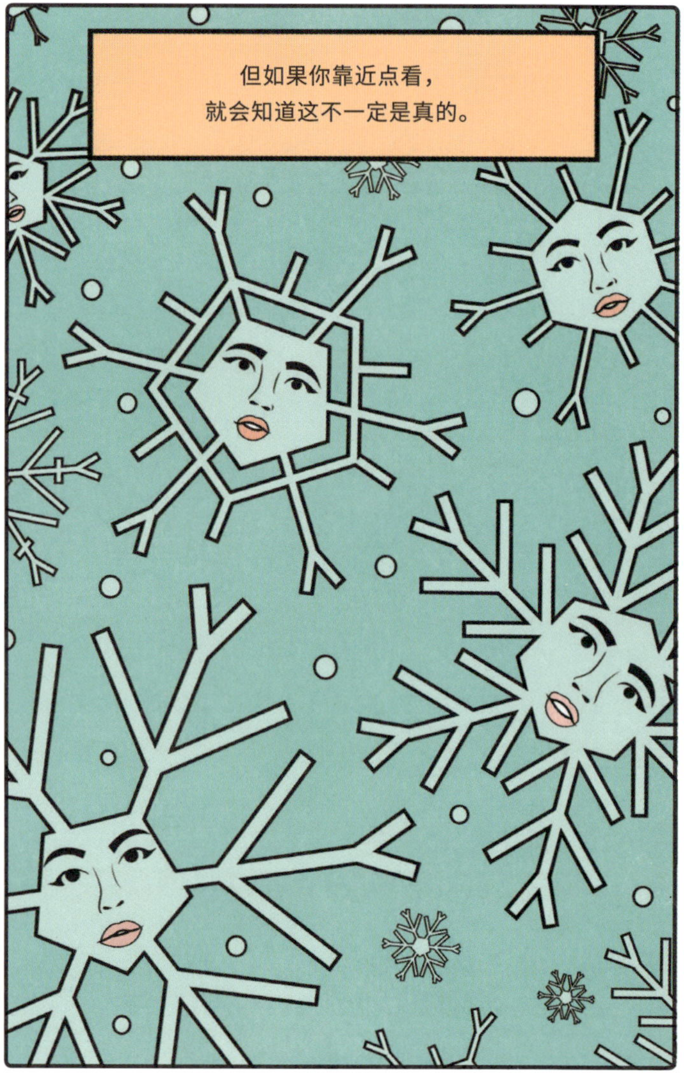
但如果你靠近点看，
就会知道这不一定是真的。

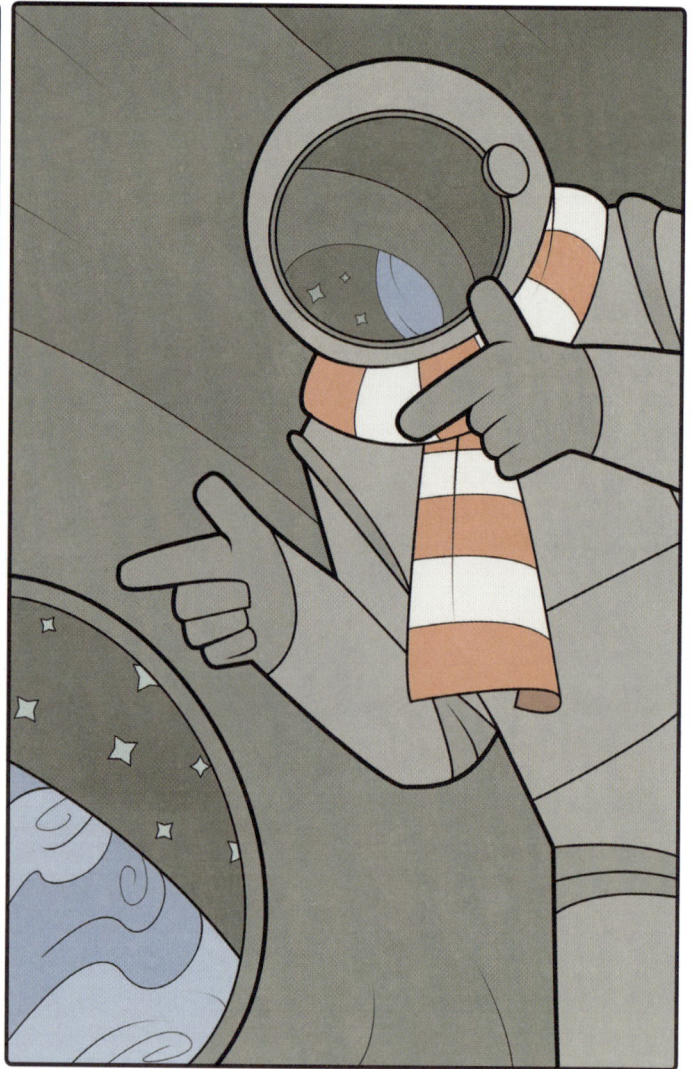

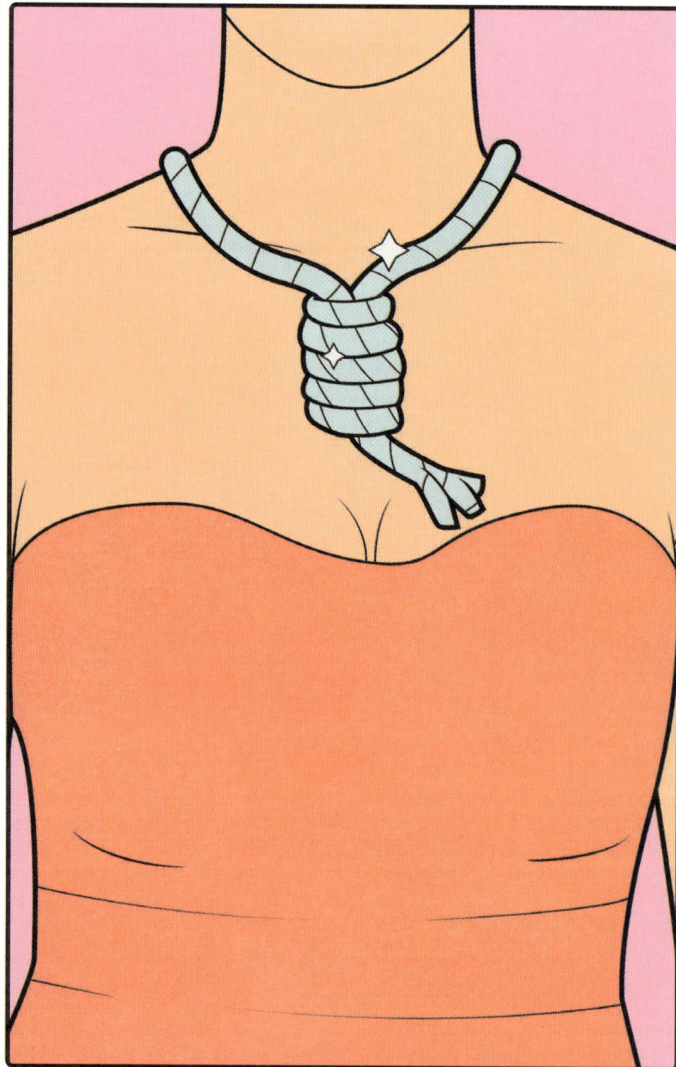

巨大的气体云用了数十亿年成为了太阳。

第一片海洋用了五亿多年才出现在地球表面。

千百年来，海浪打磨着峭壁。

最后，我们都准备好了！"嗨，你能帮我照张相吗？"

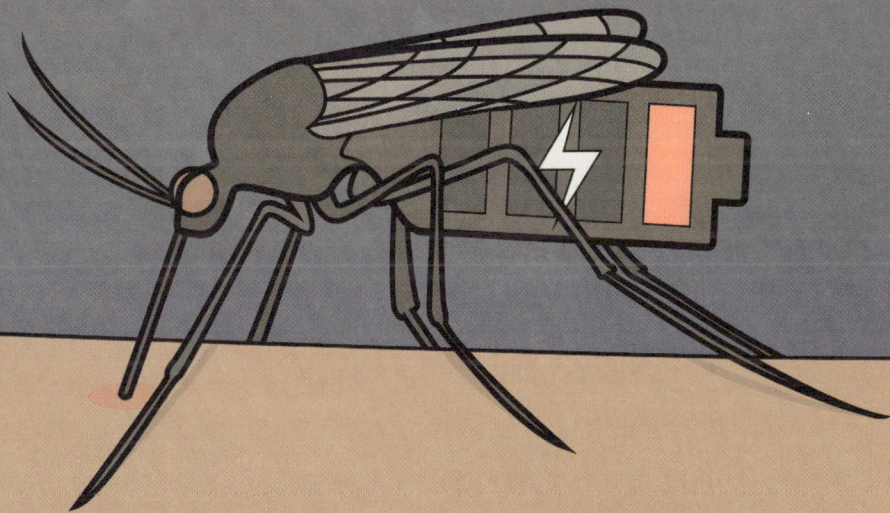

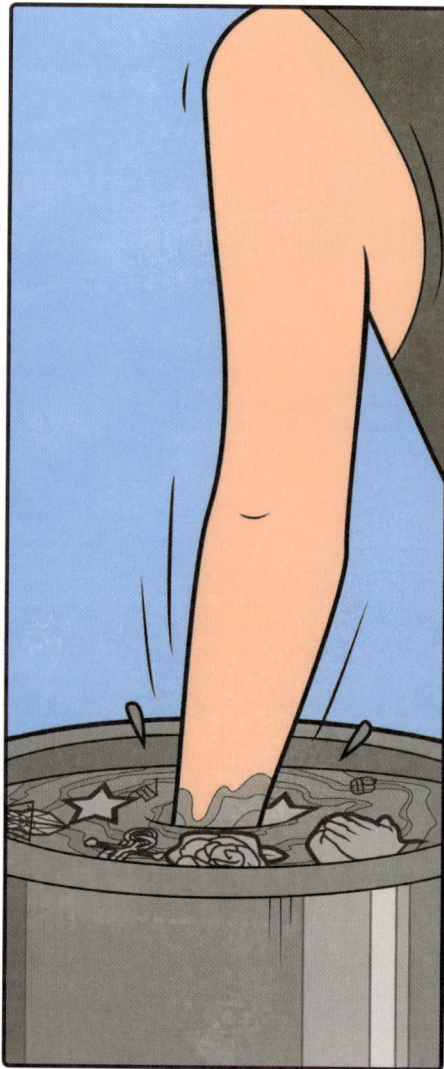

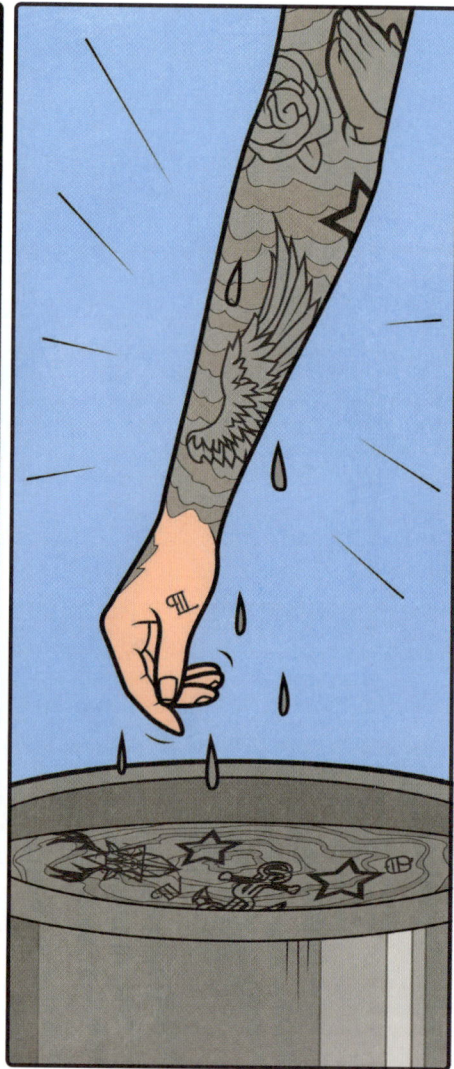

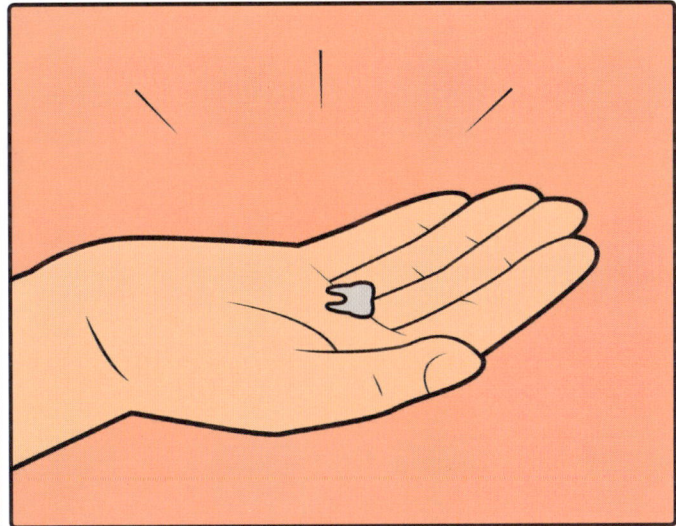

图书在版编目（CIP）数据

　　人生很好玩，但有时也很丧 /（俄罗斯）安东·谷迪
姆（Anton Gudim）著；杨静怡译. -- 长沙：湖南文艺
出版社，2019.7
　　书名原文：SO SAD, SO HAPPY
　　ISBN 978-7-5404-9261-8

　　Ⅰ.①人… Ⅱ.①安… ②杨… Ⅲ.①人生哲学－通
俗读物 Ⅳ.①B821-49

　　中国版本图书馆CIP数据核字（2019）第100292号

著作权合同登记号：18-2018-074

人生很好玩，但有时也很丧
RENSHENG HEN HAOWAN, DAN YOUSHI YE HEN SANG
[俄] 安东·谷迪姆（Anton Gudim）　著　　杨静怡　译

出 版 人	曾赛丰	版　　次	2019年7月第1版
出 品 人	陈垦	印　　次	2021年3月第5次印刷
出 品 方	中南出版传媒集团股份有限公司	开　　本	889mm×1194mm　1/16
	上海浦睿文化传播有限公司	印　　张	14
	上海市巨鹿路417号705室（200020）	字　　数	2千字
责任编辑	刘诗哲	书　　号	ISBN 978-7-5404-9261-8
装帧设计	裴雷思	定　　价	59.00元
责任印制	王磊		
出版发行	湖南文艺出版社		
	长沙市雨花区东二环一段508号　邮编：410014		
网　　址	www.hnwy.net		
经　　销	湖南省新华书店		
印　　刷	深圳市福圣印刷有限公司		

版权专有，未经本社许可，不得翻印。
本书如有印装错误，请致电本社更换。
联系电话：021-60455819

PR 浦睿文化
INSIGHT MEDIA

出 品 人：陈　垦
策 划 人：余　西
出版统筹：戴　涛
编　　辑：杨静怡
装帧设计：裴雷思
美术编辑：祝小慧

投稿邮箱：insightbook@126.com
新浪微博：@浦睿文化